¡A cocinar!

EL PLATO PERFECTO
FOTO A FOTO

¡A cocinar!

EL PLATO PERFECTO
FOTO A FOTO

Un recetario visual
para cocinar desde cero

This edition published by Parragon Books Ltd in 2015 and distributed by: Parragon Inc.

440 Park Avenue South, 13th Floor
New York, NY 10016
www.parragon.com

LOVE FOOD es un sello editorial de Parragon Books Ltd.
LOVE FOOD y el logotipo correspondiente son una marca comercial de Parragon Books Ltd
en Australia, Reino Unido, Estados Unidos, India y Europa.
www.parragon.com/lovefood

ISBN: 978-1-4748-3121-5

Impreso en China / Printed in China

Diseño de la cubierta: Geoff Borin
Fotografía: Mike Cooper
Estilismo gastronómico: Lincoln Jefferson
Diseño: Talking Design
Introducción: Linda Doeser

Traducción del inglés: Esther Rodríguez González
Redacción y maquetación de la edición en español:
LocTeam, Barcelona

Notas para el lector

En este libro se utilizan medidas de cocina estándar. Salvo que se indique lo contrario, todas las cucharadas utilizadas como unidad son rasas, la leche que se utiliza es entera, los huevos son grandes, las hortalizas son de tamaño mediano, y la pimienta es negra y recién molida. Todas las hortalizas de raíz deben lavarse y pelarse antes de su uso. Las sugerencias para decorar y servir son opcionales y no siempre se incluyen en los ingredientes o pasos de la receta.

Para obtener mejores resultados, utilice un termómetro para carne cuando cocine carne y aves; consulte la normativa vigente en materia alimentaria.

Los tiempos de preparación y cocción de las recetas son aproximados, ya que pueden variar en función de las técnicas empleadas. Los tiempos de cocción pueden asimismo diferir de los indicados. Los ingredientes adicionales, las variaciones y las sugerencias de presentación no se han incluido en los cálculos.

Las recetas que incluyen huevos crudos o poco hechos no son recomendables para niños pequeños, ancianos, embarazadas ni personas con un sistema inmunitario débil. Se aconseja a las mujeres embarazadas o lactantes que no consuman cacahuetes ni sus derivados. Las personas alérgicas a los frutos secos deben tener en cuenta que algunos ingredientes preparados de las recetas de este libro pueden contenerlos. Compruebe siempre el envase de los productos antes de consumirlos.

Cuando el nombre de algún ingrediente varía de una región del ámbito hispano a otra, se ha procurado ofrecer las variantes.

contenido

introducción	06
carne	08
aves	84
pescado y marisco	156
quesos y hortalizas	216
postres	280
repostería y panes	332
índice	382

Este magnífico libro de cocina, profusamente ilustrado, será una valiosa joya en su biblioteca culinaria. Las recetas son deliciosas, claras y fáciles de seguir gracias a sus espléndidas fotografías, de manera que, tenga o no experiencia en la cocina, el éxito está prácticamente garantizado.

Cada receta comienza con una fotografía de todos los ingredientes, que sirve de guía para comprobar que dispone de todo lo necesario antes de ponerse a cocinar. Basta con comparar la fotografía con los ingredientes dispuestos en la encimera de su cocina para asegurarse de que no ha olvidado nada, y de que cuando tenga que añadir las hierbas aromáticas, por ejemplo, ya las tendrá picadas como se indica en la lista de ingredientes. Si no sabe el grosor que han de tener las rodajas de puerro o cómo de doradas deben quedar las nueces, con echar un vistazo a la fotografía saldrá de dudas.

En la descripción de los pasos se han evitado tecnicismos que puedan desorientar al lector. La fotografía refleja el resultado que debería obtener en su cocina. Esto no solo supone un alivio para el cocinero novel, sino también una gran ayuda para que los más experimentados no pasen por alto pequeños detalles. Las recetas concluyen con una fotografía del plato terminado y la correspondiente sugerencia de presentación.

Utilidad de este libro

Este libro responde a la clásica pregunta «¿Qué cocino hoy?», pues está lleno de recetas para todas las ocasiones, temporadas y gustos; tanto si quiere preparar algo rápido como si va a organizar una comida especial, o le apetece elaborar un rico aperitivo, hornear un postre o probar una comida exótica. Triunfará seguro, ya sea un avezado cocinero o un inexperto entre fogones.

Compre ingredientes frescos

> Los productos de temporada locales no tienen que recorrer largas distancias, por lo que no solo son más baratos, sino que además ofrecen un mejor sabor, textura y color, y conservan más nutrientes.

> Las hortalizas de raíz deben estar firmes y no presentar manchas blandas. Los tomates y pimientos han de tener la piel brillante y tersa. Descarte las hortalizas con hojas viscosas, mustias, amarillentas o descoloridas. Las judías verdes deben estar tan crujientes que se partan al doblarlas.

> En general, cuando una fruta parece pesar bastante para su tamaño, es firme y no tiene arrugas, indica que es fresca. Las frutas blandas, como las nectarinas, han de estar secas y carnosas, y no presentar signos de moho ni humedad. El melón y la piña maduros tienen un olor dulce y ceden un poco cuando se presionan con suavidad.

> Un pescado es fresco cuando tiene la carne firme, escamas adheridas a la piel, colores vivos, branquias rojas, y ojos saltones y brillantes. El pescado y el marisco se deterioran rápidamente, por lo que es conveniente consumirlos el mismo día de su compra. Se conservan en el frigorífico un día.

> La carne y las aves deben tener un aspecto apetitoso y un olor agradable. En función del tipo de carne, el color puede ir desde el rosa claro hasta el rojo, pero nunca debe ser gris. La carne de novillo de buena calidad es de color rojo oscuro y apagado. La grasa debe ser de color blanco cremoso, no amarillo, y de textura cerúlea, no viscosa.

> Compruebe las fechas de caducidad de los lácteos, huevos y carnes procesadas.

Básicos de despensa muy socorridos

Productos en conserva El tomate en conserva se utiliza en muchas recetas, desde guisos hasta salsas para pasta, y suele ser una mejor opción con respecto al tomate fresco, sobre todo fuera de temporada o si la cosecha ha sido mala. Las legumbres en conserva, como los garbanzos o las alubias, son cómodas pero más caras que las legumbres secas, que requieren varias horas de remojo y una cocción larga.

Pasta seca Es la mejor opción si se tiene poco tiempo. Se conserva durante mucho tiempo y es rápida de cocinar.

Harina La harina común tiene muchos usos: hacer masas, espesar salsas, elaborar tortitas... También se utiliza para preparar bizcochos, galletas y dumplings. Si tiene harina auto-leudante, puede usarla en lugar de la harina común en estos tres últimos platos: basta con que quite 7 g de levadura en polvo por cada 125 g de harina, y 0,75 g de sal por cada 125 g de harina.

Hierbas y especias Las hierbas frescas son casi siempre más aromáticas y tienen más sabor que las secas, y algunas hierbas delicadas, como el perejil y la albahaca, son mejores frescas que secas. Sin embargo, resulta muy útil tener una provisión de algunas hierbas secas más robustas, como el romero y el laurel. Compre las hierbas secas y las especias molidas en cantidades pequeñas, porque pierden rápidamente su aroma y sabor. Se conservan hasta tres meses en un lugar fresco y oscuro. El cardamomo, el cilantro, el comino, las semillas de hinojo y los granos de pimienta deben comprarse enteros y molerlos cuando se necesitan, ya que así duran un poco más.

Aceites El aceite de oliva tiene un sabor intenso y es ideal para aderezar ensaladas y platos especiales. Guárdelo en lugar oscuro y fresco para que no se ponga rancio.

Arroz Viene bien tener arroz de grano largo en la despensa. Eso sí, para preparar un rico risotto necesitará un arroz italiano, como el arborio u otro tipo de arroz para risotto.

Vinagre El vinagre de vino blanco es un ingrediente muy útil para infinidad de recetas. El vinagre de vino tinto y el de manzana también son muy versátiles. El vinagre balsámico, que está ahora muy de moda, es bastante más caro y debe usarse en pequeñas cantidades. Puede elaborar su propio vinagre aromático dejando macerar un manojo de hierbas, como estragón o tomillo, en una botella de vinagre de vino blanco.

carne

estofado de ternera

para 4 personas

ingredientes

1,3 kg de aguja de ternera
  deshuesada, en trozos
  de 5 cm
2 cucharadas de aceite
  vegetal
2 cebollas en trozos
  de 2,5 cm

3 cucharadas de harina
3 dientes de ajo bien
  picados
1 l de caldo de carne
3 zanahorias en trozos
  de 2,5 cm

2 tallos de apio en trozos
  de 2,5 cm
1 cucharada de kétchup
1 hoja de laurel
¼ cucharadita de tomillo
  seco

¼ cucharadita de romero
  seco
8 patatas (papas) blancas
  (900 g aprox.), limpias y
  troceadas
sal y pimienta

> **1** Salpimiente la carne generosamente. Caliente el aceite en una cacerola refractaria grande a fuego vivo.

> **2** Cuando el aceite comience a humear, añada la carne y fríala, removiendo con frecuencia, de 5 a 8 minutos, hasta que esté bien dorada. Pásela a un cuenco.

> **3** Baje el fuego a medio, agregue las cebollas y rehóguelas, removiendo de vez en cuando, 5 minutos o hasta que estén transparentes.

> **4** Incorpore la harina y rehóguelo todo removiendo sin parar 2 minutos. Añada el ajo y siga rehogando 1 minuto más.

11

>5 Incorpore 225 ml de caldo y cuézalo, raspando los sedimentos del fondo de la cacerola.

>6 Agregue el caldo restante, las zanahorias, el apio, el kétchup, el laurel, el tomillo, el romero y 1 cucharadita de sal. Vuelva a pasar la carne a la cacerola.

>7 Tápelo y deje que cueza a fuego lento 1 hora. Incorpore las patatas, vuelva a tapar la cacerola y deje hervir el estofado a fuego lento otros 30 minutos.

>8 Retire la tapa, suba el fuego a medio y deje que hierva, removiendo de vez en cuando otros 30 minutos, hasta que la carne y las verduras estén tiernas. Si el estofado espesa demasiado, añada un poco más de caldo o agua.

Deje reposar el estofado 15 minutos
antes de servirlo.

albóndigas con salsa de pimientos rojos y tomate

para 4 personas

ingredientes

1 cucharada de aceite de oliva

1 cebolla pequeña bien picada

2 dientes de ajo bien picados

2 ramas de tomillo fresco bien picado

650 g de carne picada de ternera

25 g de pan recién rallado

1 huevo ligeramente batido

sal y pimienta

para la salsa

1 cebolla cortada en cuñas

3 pimientos (morrones) rojos cortados por la mitad y sin semillas

400 g de tomate troceado

1 hoja de laurel

>1 Caliente el aceite en una sartén. Añada la cebolla y el ajo y rehóguelos a fuego lento 5 minutos, hasta que estén tiernos. Páselos a un cuenco con el tomillo, la carne picada, el pan rallado y el huevo.

>2 Salpimiéntelo todo al gusto, mézclelo bien y forme 20 albóndigas. Caliente una sartén a fuego medio-bajo. Añada las albóndigas y fríalas, removiendo de vez en cuando, durante 15 minutos o hasta que estén ligeramente doradas.

>3 Mientras, para preparar la salsa, precaliente el grill. Ase la cebolla y los pimientos rojos 10 minutos al grill, volteándolos con frecuencia, hasta que la piel del pimiento se ampolle y se chamusque.

>4 Meta los pimientos en una bolsa de plástico, ciérrela y déjela enfriar. Reserve la cebolla. Pele los pimientos y trocee la pulpa.

15

Disponga el pimiento en una picadora junto con la cebolla y el tomate. Tritúrelo hasta obtener una masa homogénea y salpimiéntela al gusto.

Vierta la salsa en un cazo con el laurel y llévela a ebullición. Baje el fuego y déjela cocer a fuego lento 10 minutos, removiendo de vez en cuando. Retire el cazo del fuego y deseche el laurel.

Sirva la salsa enseguida
con las albóndigas.

hamburguesas de ternera

para 4 personas

ingredientes
650 g de carne picada
 de ternera
1 pimiento (morrón) rojo
 sin semillas bien picado
1 diente de ajo bien picado
2 guindillas (chiles) rojas
 pequeñas sin semillas
 bien picadas
1 cucharada de albahaca
 fresca picada
½ cucharadita de comino
 molido
sal y pimienta
ramitas de albahaca fresca,
 para decorar
panecillos de
 hamburguesa, para
 acompañar

> **1** Precaliente el grill del horno a temperatura entre media y alta. Disponga en un cuenco la carne, el pimiento, el ajo, la guindilla, la albahaca picada y el comino.

> **2** Mézclelo todo bien y salpiméntelo al gusto.

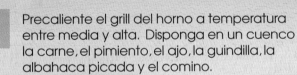

18

Adórnelas con ramitas de albahaca y sírvalas enseguida en panecillos de hamburguesa.

>3 Con las manos, forme cuatro hamburguesas con la mezcla. Coloque las hamburguesas bajo el grill precalentado y áselas de 5 a 8 minutos.

>4 Deles la vuelta y áselas por el otro lado de 5 a 8 minutos, hasta que la carne esté hecha.

lasaña

para 4 personas

ingredientes

2 cucharadas de aceite
  de oliva

55 g de beicon (panceta)
  troceado

1 cebolla picada

1 diente de ajo bien picado

225 g de solomillo de
  ternera picado

2 tallos de apio picados

2 zanahorias troceadas

una pizca de azúcar

½ cucharadita de orégano
  seco

400 g de tomate troceado

2 cucharaditas de mostaza
  de Dijon

450 ml de salsa de queso ya
  preparada

225 g de láminas de lasaña
  precocidas

150 g de parmesano recién
  rallado, y un poco más
  para espolvorear

sal y pimienta

>1 Precaliente el horno a 190°C. Caliente el aceite en una cazuela de fondo grueso. Añada el beicon y fríalo a fuego medio 3 minutos, removiendo de vez en cuando.

>2 Agregue la cebolla y el ajo y sofríalos 5 minutos, removiendo, hasta que estén tiernos.

>3 Incorpore la carne y rehóguela, desmigándola con una cuchara de madera, hasta que se dore. Agregue el apio y la zanahoria, y rehóguelo todo 5 minutos.

>4 Salpimiente al gusto. Añada el azúcar, el orégano y el tomate con su jugo. Llévelo a ebullición, reduzca el fuego y déjelo cocer 30 minutos.

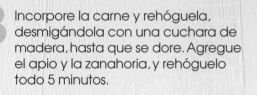

>5 Mientras, añada la mostaza a la salsa de queso.

>6 En una fuente refractaria rectangular, disponga capas alternas de salsa de carne, láminas de lasaña y parmesano.

>7 Vierta la salsa de queso sobre las capas, cubriéndolas por completo, y espolvoree por encima el parmesano.

>8 Hornee la lasaña 30 minutos hasta que esté bien dorada y burbujee.

Sírvala enseguida.

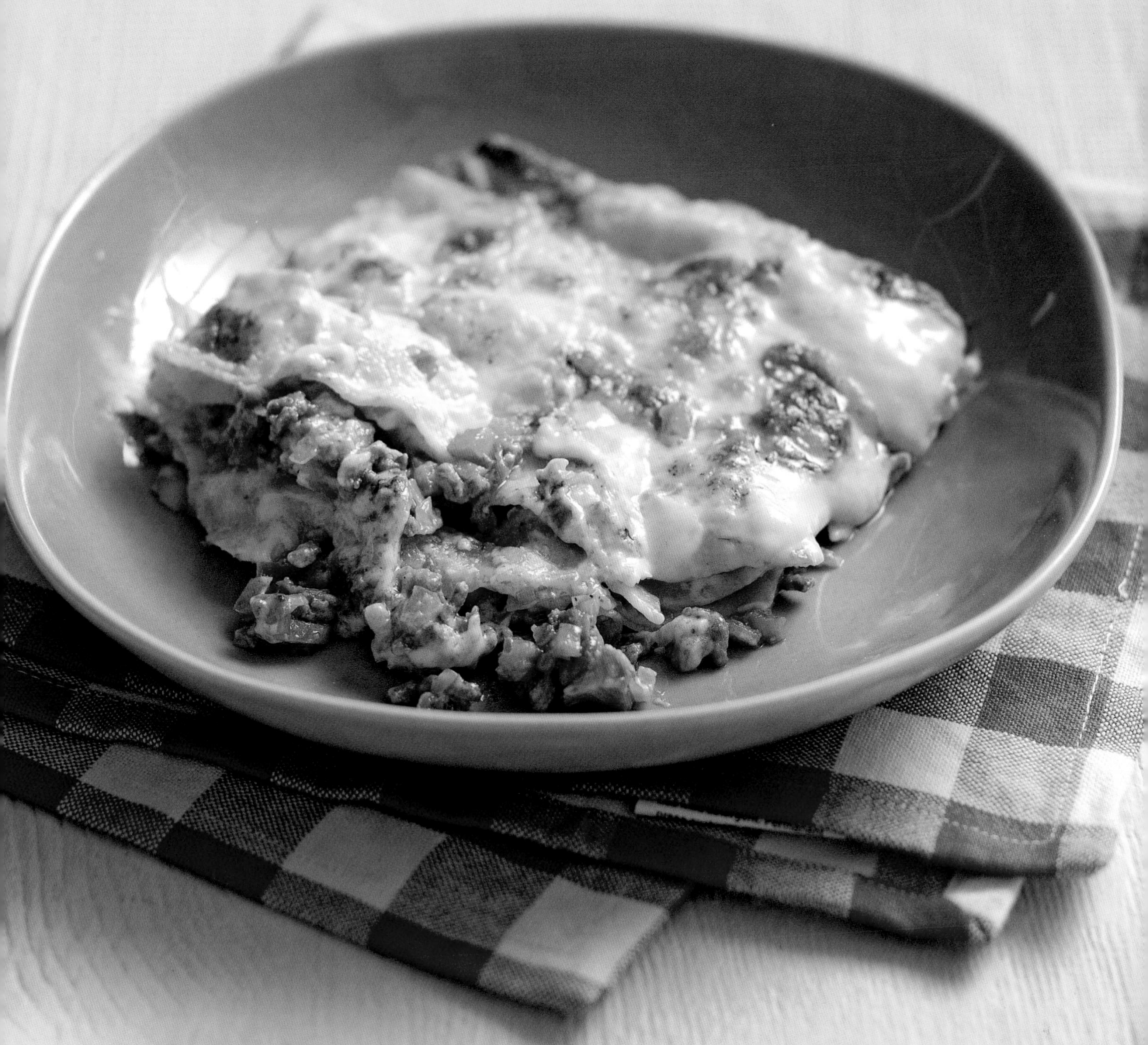

fajitas de entrecot al pimentón

para 4 personas

ingredientes

4 filetes de entrecot
(bife de chorizo) de
unos 175 g cada uno

1 diente de ajo majado
(triturado)

2 cucharaditas de pimentón
ahumado, y un poco más
para espolvorear

aceite de girasol, para
engrasar

100 g de nata (crema)
fresca o agria

3 cucharadas de crema
de rábano picante

8 tortillas mexicanas

75 g de hojas de rúcula

2 aguacates (paltas)
maduros y firmes, pelados,
deshuesados y en rodajas

1 cebolla roja (morada)
en rodajas finas

sal y pimienta

>1 Frote con el ajo la carne, espolvoréela
por ambos lados con el pimentón
y, a continuación, salpimiéntela.

>2 Caliente al máximo una plancha
acanalada y engrásela con aceite.
Añada los filetes y áselos de 6 a 8 minutos,
dándoles la vuelta una vez. Retírelos del
fuego y déjelos enfriar 5 minutos.

24

Sirva las fajitas con una cucharada de crema de rábano picante, espolvoreada con pimentón.

> **>3** Mezcle la nata y la crema de rábano, y extienda la mitad de la preparación sobre las tortillas.

> **>4** Corte la carne en tiras. Repártalas entre las tortillas junto con la rúcula, el aguacate y la cebolla, y enróllelas hasta formar fajitas.

entrecot a la parrilla con salsa de chile

para 4 personas

ingredientes

aceite de girasol, para
  engrasar
4 filetes de entrecot
  (bife de chorizo) de
  unos 225 g cada uno
sal y pimienta

para la salsa de chile

4 chiles habaneros rojos
  frescos
4 chiles poblanos verdes
  frescos
3 tomates pelados sin
  semillas cortados en
  dados
2 cucharadas de cilantro
  fresco picado

1 cucharada de vinagre
  de vino tinto
2 cucharadas de aceite
  de oliva
canónigos u otra verdura
  de hoja verde, para
  decorar

1 Para la salsa, precaliente el grill del horno a temperatura máxima. Coloque los chiles en una fuente de horno forrada con papel de aluminio y áselos, dándoles la vuelta a menudo, hasta que se tuesten.

 2 Déjelos enfriar. Cuando estén lo bastante fríos para manipularlos, pélelos.

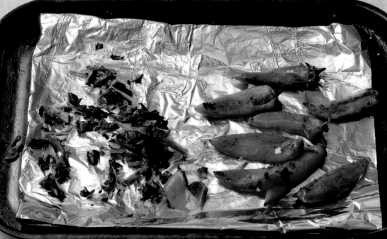

3 Abra los chiles por la mitad, retire las semillas y pique la pulpa.

4 Mezcle en un cuenco los chiles, el tomate y el cilantro.

>5 Mezcle el vinagre y el aceite en un cuenco pequeño o en un vasito. Añada un poco de sal e incorpórelo a la salsa. Mézclelo todo, tápelo y guárdelo en el frigorífico.

>6 Caliente una plancha acanalada a fuego medio y engrásela con un poco de aceite de girasol. Salpimiente los filetes y áselos de 2 a 4 minutos por cada lado, o hasta que estén hechos a su gusto.

Sirva los filetes enseguida con la salsa,
y decórelos con los canónigos.

pastel de carne

para 6-8 personas

ingredientes

25 g de mantequilla (manteca)

1 cucharada de aceite de oliva, y un poco más para engrasar

3 dientes de ajo pelados

2 zanahorias en daditos

1 tallo de apio bien picado

1 cebolla bien picada

1 pimiento (morrón) rojo sin semillas bien picado

4 champiñones grandes bien picados

1 cucharadita de tomillo seco

2 cucharaditas de romero picado fino

1 cucharadita de salsa inglesa

6 cucharadas de kétchup

½ cucharadita de pimienta de Cayena

1,1 kg de carne picada de ternera frí

2 huevos batidos

55 g de pan recién rallado

2 cucharadas de azúcar moreno (negro)

1 cucharada de mostaza de Dijon

sal y pimienta

30

>1 Funda la mantequilla con el aceite y el ajo en una sartén grande. Agregue las verduras y rehóguelas a fuego medio 10 minutos, removiendo con frecuencia, hasta que los jugos se hayan evaporado casi por completo.

>2 Retire la sartén del fuego e incorpore las hierbas, la salsa inglesa, 4 cucharadas de kétchup y la pimienta de Cayena. Déjelo enfriar.

>3 Precaliente el horno a 160°C. Engrase con aceite un molde rectangular de unos 23 cm.

>4 Disponga la carne en un cuenco grande y desmenúcela con los dedos. Añada la mezcla de verduras y huevos y salpimiente al gusto. Mézclelo todo con los dedos. Agregue el pan rallado y mézclelo todo.

>5 Pase la mezcla al molde. Alise la superficie con una espátula y hornéela 30 minutos.

>6 Mientras tanto, prepare el glaseado. Para ello, mezcle el azúcar, el kétchup restante, la mostaza y una pizca de sal.

>7 Saque el pastel del horno y extienda el glaseado por toda la superficie. Vuelva a meterlo al horno durante otros 35 o 45 minutos, o hasta que alcance una temperatura interna de 70°C medida con un termómetro para carne.

>8 Sáquelo del horno y déjelo reposar al menos 15 minutos.

Sirva el pastel en rodajas gruesas.

carne asada con patatas y eneldo

para 6 personas

ingredientes

4-5 patatas (papas)
blancas, limpias y
troceadas

2½ cucharadas de harina

1 cucharadita de sal

¼ cucharadita de pimienta

1 redondo de ternera de
unos 1,6 kg

2 cucharadas de aceite
vegetal

25 g de mantequilla
(manteca)

1 cebolla bien picada

2 tallos de apio en daditos

2 zanahorias peladas
cortadas en dados

1 cucharadita de semillas
de eneldo

1 cucharadita de tomillo
u orégano secos

350 ml de vino tinto

150-225 ml de caldo
de carne

2 cucharadas de eneldo
fresco picado, para servir

>1 Ponga a hervir agua con un poco de sal en un cazo grande. Añada las patatas, llévelas a ebullición y deje que cuezan 0 minutos. Escúrralas y resérvelas.

>2 Precaliente el horno a 140°C. Mezcle 2 cucharadas de harina con la sal y la pimienta en una fuente grande. Reboce la carne en la harina.

>3 Caliente el aceite en una cazuela refractaria, incorpore la carne y dórela. Pásela a una bandeja. Disponga en la cazuela la mitad de la mantequilla y, después, la cebolla, el apio, la zanahoria, el eneldo y el tomillo, y sofríalo todo 5 minutos.

>4 Vuelva a pasar la carne y los jugos a la cazuela. Vierta el vino y suficiente caldo como para cubrir un tercio de la carne. Llévelo a ebullición.

>5 Tape la carne y hornéela 3 horas, dándole la vuelta cada 30 minutos. Al cabo de 2 horas, agregue las patatas y más caldo, si fuera necesario.

>6 Cuando esté lista, pase la carne y las verduras a una fuente templada. Cuele los jugos de la cocción para eliminar los restos sólidos y después devuélvalos a la cazuela.

>7 Mezcle la mantequilla y harina restantes hasta obtener una pasta.

>8 Lleve a ebullición el líquido de cocción. Agregue pequeñas cantidades de la mezcla de harina y mantequilla, y remueva sin parar hasta conseguir una salsa sin grumos.

Rocíe la carne y las verduras con la salsa.
Esparza el eneldo por encima y sirva.

tallarines con salsa de carne

para 4 personas

ingredientes

4 cucharadas de aceite de oliva, y un poco más para aliñar

85 g de beicon (panceta) en taquitos

1 cebolla troceada

1 diente de ajo picado fino

1 zanahoria troceada

1 tallo de apio troceado

225 g de carne picada de ternera

115 g de higadillos de pollo picados

2 cucharadas de concentrado de tomate

125 ml de vino blanco seco

225 ml de caldo de carne

1 cucharada de orégano fresco picado

1 hoja de laurel

450 g de tallarines secos

sal y pimienta

parmesano rallado, para decorar

>**1** Caliente el aceite en una cacerola grande de fondo grueso. Añada el beicon y sofríalo a fuego medio entre 3 y 5 minutos, removiendo de vez en cuando hasta que empiece a dorarse.

>**2** Incorpore la cebolla, el ajo, la zanahoria y el apio, y sofríalos, removiendo de vez en cuando, al menos otros 5 minutos.

>**3** Añada la carne y fríala a fuego vivo durante 5 minutos, desmigándola con una cuchara de madera, hasta que se dore.

>**4** Incorpore los higadillos de pollo y fríalos, removiendo de vez en cuando, durante otros 2 o 3 minutos.

>5 Añada el tomate, el vino, el caldo, el orégano y el laurel, y salpimiéntelos al gusto. Lleve la salsa a ebullición, reduzca el fuego, tape la cacerola y deje hervir la salsa entre 30 y 35 minutos.

>6 Mientras, ponga a hervir agua con un poco de sal en otra cacerola. Añada la pasta y hiérvala entre 8 y 10 minutos, hasta que esté tierna pero firme.

>7 Escurra la pasta y pásela a una fuente templada. Rocíela con un poco de aceite y remuévala bien.

>8 Retire la hoja de laurel de la salsa y deséchela. Después, vierta la salsa sobre la pasta y vuelva a remover.

Sirva la pasta enseguida con el parmesano rallado.

burritos

para 4 personas

ingredientes

1 cucharada de aceite de oliva

1 cebolla picada

1 diente de ajo bien picado

500 g de carne picada de ternera

3 tomates grandes sin semillas troceados

1 pimiento (morrón) rojo sin semillas troceado

800 g de alubias (porotos) variadas en conserva lavadas y escurridas (como alubias rojas, alubias blancas y alubias pintas)

125 ml de caldo de verduras

1 cucharada de perejil fresco picado fino

8 tortillas mexicanas de harina integral

125 ml de tomate triturado

50 g de cheddar rallado

3 cebolletas (cebollas de verdeo) picadas

sal marina y pimienta

hojas de lechuga de diferente variedad, para acompañar

Caliente el aceite en una sartén antiadherente grande. Añada la cebolla y el ajo y sofríalos hasta que la cebolla esté tierna, sin dejar que se dore. Retírelos del fuego.

Añada la carne y fríala a fuego vivo durante 3 o 4 minutos, desmigándola con una cuchara de madera, hasta que empiece a dorarse. Escurra el aceite sobrante.

> **3**

Devuelva la cebolla y el ajo a la sartén, añada los tomates y el pimiento rojo y rehóguelo todo entre 8 y 10 minutos.

> **4**

Agregue las alubias, el caldo y el perejil, salpimiente al gusto y sofríalo todo, sin tapar, de 20 a 30 minutos, hasta que haya espesado.

>**5** Mientras, precaliente el horno a 180°C. Triture la mezcla de carne para deshacer las alubias y repártala entre las tortillas.

>**6** Enrolle las tortillas y dispóngalas con los bordes hacia abajo en una fuente para horno.

>**7** Vierta el concentrado de tomate sobre los burritos y espolvoree el queso por encima. Hornéelos 20 minutos.

>**8** Saque los burritos del horno y espolvoree la cebolleta por encima.

Emplátelos y sírvalos con las hojas de ensalada.

chop suey de ternera

para 4 personas

ingredientes

450 g de entrecot (bife de
  ternera) en tiras
1 tallo de brócoli en ramilletes
2 cucharadas de aceite
  vegetal
1 cebolla picada
2 tallos de apio picados
225 g de tirabeques
55 g de brotes de bambú
8 castañas de agua en láminas
225 g de champiñones
1 cucharada de salsa de ostras
1 cucharadita de sal

para el adobo

1 cucharada de vino de arroz
  chino
½ cucharadita de pimienta
  blanca
½ cucharadita de sal
1 cucharada de salsa de soja
  (soya) clara
½ cucharadita de aceite de
  sésamo

> 1 Mezcle en un cuenco todos los ingredientes
del adobo, y marine la carne durante al
menos 20 minutos.

> 2 Escalde el brócoli en una cacerola con
agua hirviendo durante 30 segundos.
Escúrralo y resérvelo.

Reparta el chop suey en cuencos y sírvalo
enseguida.

>3 Caliente una cucharada de aceite en un
wok precalentado y saltee la carne hasta
que empiece a dorarse. Retírela y resérvela.

>4 Limpie el wok, caliente el aceite
restante y rehogue la cebolla 1 minuto.
Añada el apio y el brócoli, y prosiga
con la cocción 2 minutos. Agregue los
tirabeques, el bambú, las castañas y los
champiñones, y saltéelos 1 minuto más.
Incorpore la carne y aderece con la
salsa de ostras y la sal.

chow fun de ternera

para 4 personas

ingredientes

300 g de solomillo de ternera

2 cucharadas de salsa de soja (soya)

2 cucharadas de aceite de sésamo

250 g de fideos de arroz

2 cucharadas de aceite de cacahuete (maní)

1 cebolla cortada en cuñas finas

2 dientes de ajo majados (triturados)

1 trozo de jengibre fresco de 2,5 cm troceado

1 guindilla (chile) roja picada fina

200 g de brócoli cortado en ramilletes

½ col china en juliana

aceite de guindilla, para servir

> 1 Corte la carne en tiras finas, colóquelas en un cuenco y rocíelas con la salsa de soja y el aceite de sésamo. Tápelas y déjelas reposar durante 30 minutos.

> 2 Cueza los fideos según las indicaciones del envase. Escúrralos bien. Páselos a una fuente y manténgalos calientes.

> 3 Caliente una cucharada de aceite de cacahuete en un wok y saltee la carne a fuego vivo hasta que adquiera un color uniforme. Retírela y resérvela.

> 4 Añada el aceite restante y saltee la cebolla, el ajo, el jengibre y la guindilla durante 1 minuto.

>5 Agregue el brócoli y saltéelo 2 minutos.
Después, incorpore la col y saltéelo todo
1 minuto más.

>6 Añada la carne con el adobo, remuévala
hasta que esté bien caliente y repártalo
todo sobre los fideos.

Sírvalo enseguida, rociado con aceite de guindilla.

tiras de ternera con salsa de judías negras

para 4 personas

ingredientes

3 cucharadas de aceite
  de cacahuete (maní)
450 g de solomillo de
  ternera en tiras finas
1 pimiento (morrón) rojo sin
  semillas bien picado
1 pimiento (morrón) verde
  sin semillas bien picado
1 manojo de cebolletas
  (cebollas de verdeo)
  picadas
2 dientes de ajo majados
  (triturados)
1 cucharada de jengibre
  fresco rallado
2 cucharadas de salsa de
  judías negras
1 cucharada de jerez
1 cucharada de salsa
  de soja (soya)

> **>1** Caliente 2 cucharadas de aceite en un wok, agregue la carne y saltéela a fuego vivo durante 1 o 2 minutos, hasta que se dore. Retírela y resérvela.

> **>2** Agregue el aceite restante y los pimientos, y saltéelos 2 minutos.

Repártalo en cuencos y sírvalo enseguida.

> **3** Añada la cebolleta, el ajo y el jengibre, y saltéelo todo 30 segundos.

> **4** Agregue la salsa de judías negras, el jerez y la salsa de soja, incorpore la carne y caliéntelo todo hasta que borbotee.

chuletas teriyaki

para 4 personas

ingredientes

4 chuletas sin hueso de
  unos 2,5 cm de grosor y
  unos 150 g cada una
2 cucharadas de aceite
  vegetal

200 g de brotes de soja
  (soya)
4 cebolletas (cebollas de
  verdeo) cortadas y bien
  picadas
sal y pimienta

para la salsa teriyaki

2 cucharadas de mirin
  (vino de arroz japonés)
2 cucharadas de sake o
  jerez seco

60 ml de salsa de soja
  (soya) oscura
1 cucharada de azúcar

>1 Salpimiente las chuletas y resérvelas.

>2 Para la salsa, mezcle bien el mirin, el sake, la salsa de soja y el azúcar en un bol.

>3 Caliente 1 cucharada de aceite en una sartén a fuego vivo. Añada los brotes de soja y saltéelos 30 segundos sin reducir el fuego.

>4 Sáquelos de la sartén, colóquelos sobre papel absorbente y manténgalos calientes.

>5 Vierta el aceite restante en la sartén y, cuando esté caliente, añada las chuletas. Fríalas de 2 a 5 minutos por cada lado o hasta conseguir el punto de cocción deseado. Retírelas y manténgalas calientes.

>6 Retire la sartén del fuego y añada la salsa y la cebolleta. Vuelva a ponerla en el fuego y rehóguelo todo 2 minutos, removiendo hasta que la salsa quede espesa y ligada.

Corte las chuletas en tiras y colóquelas
sobre un lecho de brotes de soja. Rocíe
la salsa por encima y sírvalas enseguida.

risotto con jamón de Parma

ingredientes

1 cucharada de aceite
de oliva

25 g de mantequilla
(manteca)

1 cebolla grande bien
picada

350 g de arroz para risotto

unas 15 hebras de azafrán

150 ml de vino blanco

850 ml de caldo de pollo
hirviendo

8 tomates secos en aceite
de oliva escurridos y
cortados en tiras

100 g de guisantes (arvejas,
chícharos) descongelados

50 g de jamón de Parma
en tiras

75 g de parmesano recién
rallado, y un poco más
para espolvorear

sal y pimienta

> **>1** Caliente el aceite y la mantequilla en una cacerola a fuego medio hasta que la mantequilla se funda. Añada la cebolla y rehóguela 5 minutos hasta que se ablande.

> **>2** Baje el fuego, añada el arroz y el azafrán y mézclelo bien. Rehóguelo, removiendo sin parar, 2 o 3 minutos o hasta que los granos estén transparentes. Añada el vino y cueza el arroz, sin dejar de remover, hasta que el vino reduzca.

Repártalo en platos templados, espolvoréelo con parmesano y sírvalo enseguida.

>3 Añada poco a poco el caldo caliente con un cucharón. Vaya añadiendo líquido a medida que el arroz absorba el que ya tiene. Cuézalo 10 minutos, y después agregue los tomates.

>4 Déjelo cocer 8 minutos más. Luego, incorpore los guisantes y el jamón. Remueva y déjelo cocer 2 o 3 minutos, hasta que el líquido se haya absorbido y el arroz esté cremoso pero firme. Retire el risotto del fuego, salpimiéntelo al gusto y añádale el queso.

chuletas de cerdo con compota de manzana

para 4 personas

ingredientes

4 chuletas (bifes) de cerdo
 con hueso de unos 3 cm
 de grosor
1½ cucharadas de aceite
 de girasol
sal y pimienta

para la compota de manzana

3 manzanas, de tipo Granny
 Smith, peladas y en dados
50 g de azúcar extrafino
 (impalpable)
ralladura fina de ½ limón
½ cucharada de zumo
 (jugo) de limón
50 ml de agua
¼ cucharadita de canela
 molida
una nuez de mantequilla
 (manteca)

>1 Precaliente el horno a 200°C. Para la compota de manzana, disponga los cinco primeros ingredientes en un cazo de fondo grueso a fuego vivo y llévelo todo a ebullición, removiendo.

>2 Deje cocer las manzanas 15 o 20 minutos, hasta que estén blandas. Añada la canela y la mantequilla, y bátalo todo hasta obtener la consistencia deseada. Retire las manzanas del fuego, y consérvelas calientes.

Disponga las chuletas en platos templados y rocíelas con los jugos de la cocción. Sírvalas enseguida con la compota de manzana.

>3 Entre tanto, salpimiente las chuletas al gusto. Caliente el aceite en una sartén refractaria grande a fuego entre medio y vivo. Agregue las chuletas y fríalas 3 minutos por cada lado.

>4 Pase la sartén al horno y ase las chuletas de 7 a 9 minutos, hasta que la carne quede opaca y el jugo que desprendan al pincharlas sea claro. Sáquelas del horno, tápelas con papel de aluminio y déjelas reposar 3 minutos.

cazuela de chorizo y garbanzos

para 4 personas

ingredientes

2 cucharadas de aceite de oliva

1 cebolla en juliana

1 pimiento (morrón) rojo sin semillas troceado

1 diente de ajo majado (triturado)

1 cucharadita de pimienta roja molida

225 g de chorizo

400 g de tomate troceado

425 g de garbanzos en conserva lavados y escurridos

200 g de arroz de grano largo

un puñado de hojas de rúcula

sal y pimienta

6 g de albahaca fresca picada, para decorar

>1 Caliente el aceite en una cazuela y sofría la cebolla 5 minutos a fuego medio, removiendo de vez en cuando.

>2 Añada el pimiento amarillo, el ajo y la guindilla, y rehóguelos 2 minutos sin dejar de remover.

>3 Corte el chorizo en dados e incorpórelo a la cazuela.

>4 Agregue el tomate y los garbanzos, y salpimiéntelo todo al gusto. Llévelo a ebullición, tápelo y déjelo cocer 10 minutos.

>5 Mientras tanto, hierva el arroz en un cazo con agua y sal según las indicaciones del envase, hasta que esté tierno. Escúrralo.

>6 Incorpore la rúcula a la cazuela.

Sirva el guiso sobre un lecho de arroz
y adórnelo con albahaca fresca.

hamburguesas de cerdo con romero

para 4 personas

ingredientes

500 g de carne picada
  de cerdo
1 cebolla pequeña bien
  picada
1 diente de ajo majado
  (triturado)
1 cucharada de romero
  fresco picado fino
aceite, para engrasar
1 baguette pequeña
  abierta y en 4 trozos
2 tomates en rodajas
4 pepinillos en láminas
50 g de yogur (yoghurt)
  griego
2 cucharadas de menta
  fresca picada
sal y pimienta

 >1 Con las manos, mezcle en un cuenco la carne, la cebolla, el ajo y el romero. Salpimiéntelo todo.

 >2 Reparta la mezcla en cuatro porciones y deles forma de hamburguesa.

Aderece las hamburguesas con la mezcla de yogur y menta, cúbralas con el pan restante y sírvalas.

>3 Engrase una plancha acanalada o una sartén con aceite y ase las hamburguesas de 6 a 8 minutos, dándoles la vuelta una vez, hasta que se doren y estén hechas.

>4 Coloque cada hamburguesa sobre la parte inferior de los trozos de baguette y cúbralas con el tomate y el pepinillo. Mezcle el yogur con la menta.

pad thai con tiras de cerdo y gambas

para 4 personas

ingredientes

225 g de fideos de arroz

200 g de solomillo de cerdo

3 cucharadas de aceite de cacahuete (maní)

2 chalotas (echalotes) bien picadas

2 dientes de ajo bien picados

175 g de gambas (langostinos) peladas y desvenadas

2 huevos batidos

2 cucharadas de salsa de pescado tailandesa

zumo (jugo) de 1 lima

1 cucharada de kétchup

2 cucharaditas de azúcar mascabado (de caña) claro

½ cucharadita de pimienta roja molida

100 g de brotes de soja (soya)

35 g de cacahuetes (maníes) tostados picados

6 cebolletas (cebollas de verdeo) picadas finas en diagonal

> **1** Cueza los fideos según las indicaciones del envase. Escúrralos bien.

> **2** Corte el cerdo en tiras de unos 5 mm de grosor.

> **3** Caliente el aceite en un wok y rehogue las chalotas 1 o 2 minutos, hasta que se ablanden.

> **4** Añada las tiras de carne y saltéelas 2 o 3 minutos, hasta que se doren.

> **5** Agregue el ajo y las gambas, y saltéelo todo 1 o 2 minutos.

> **6** Incorpore los huevos y rehóguelo todo unos segundos hasta que cuajen un poco.

> **7** Baje el fuego y agregue los fideos, el caldo de pescado, el zumo de lima, el kétchup y el azúcar. Mézclelo todo y deje que cueza.

> **8** Esparza por encima la pimienta, la soja, los cacahuetes y la cebolleta.

Repártalo en cuencos y sírvalo.

cerdo con salsa de ciruela

para 4 personas

ingredientes

600 g de solomillo de
  cerdo
2 cucharadas de aceite
  de cacahuete (maní)
1 pimiento (morrón)
  naranja sin semillas y en
  tiras

1 manojo de cebolletas
  (cebollas de verdeo)
  picadas
250 g de gírgolas picadas
300 g de brotes de soja
  (soya)

2 cucharadas de jerez
  seco
150 ml de salsa de ciruela
250 g de fideos al huevo
  medianos

sal y pimienta
cilantro fresco picado,
  para decorar

>1 Corte la carne en tiras largas y finas.

>2 Caliente el aceite en un wok y saltee la carne 2 o 3 minutos, hasta que se dore.

>3 Añada el pimiento, saltéelo 2 minutos y, a continuación, agregue la cebolleta, las gírgolas y los brotes de soja.

>4 Saltéelo todo 2 o 3 minutos, vierta el jerez, incorpore la salsa de ciruelas y caliéntelo hasta que hierva. Salpimiéntelo.

>5 Mientras tanto, cueza los fideos en una cacerola de agua con sal según las indicaciones del envase, hasta que estén tiernos.

>6 Escurra los fideos, incorpórelos al wok y mézclelo todo bien.

Sírvalo enseguida, decorado con
cilantro fresco.

estofado de cerdo con alubias

para 4 personas

ingredientes

250 g de alubias pintas (porotos), en remojo desde la noche anterior y escurridas
800 g de aguja de cerdo
1 cebolla grande picada
2 tallos de apio picados
1 zanahoria grande troceada
1 guindilla (chile) roja fresca bien picada
2 dientes de ajo bien picados
ramitas grandes de romero, tomillo y laurel frescos
unos 600 ml de caldo de pollo
sal y pimienta
pan crujiente, para acompañar

> 1 Precaliente el horno a 160°C. Escurra y enjuague las alubias. Después, póngalas en una cazuela con agua, llévelas a ebullición y cuézalas 10 minutos. Escúrralas y páselas a una fuente o cacerola refractaria ancha.

> 2 Corte la carne en trozos pequeños sin quitarle la piel.

Sirva el estofado con trozos de pan para mojar en la salsa.

>3 Disponga la carne y las hortalizas en capas sobre las alubias, aderece cada capa con guindilla y ajo, y salpimiente al gusto. Añada también las hierbas.

>4 Cúbralo todo con el caldo, tápelo y cuézalo 3 horas en el horno precalentado sin remover, hasta que tanto la carne como las hortalizas estén tiernas

cordero con miel y orejones con cuscús al limón

para 4 personas

ingredientes

4 chuletas (bifes) de cordero

4 cucharaditas de cilantro molido

1 cucharadita de comino molido

1 calabaza moscada pequeña

1 cucharada de aceite de oliva

1 cebolla picada

600 ml de caldo de pollo

2 cucharadas de jengibre fresco picado

100 g de orejones de albaricoque (damasco, chabacano)

2 cucharadas de miel

ralladura fina y zumo (jugo) de 1 limón

170 g de cuscús

sal y pimienta

3 cucharadas de menta fresca picada, para decorar

> **1** Espolvoree las chuletas con el cilantro y el comino molidos.

> **2** Pele la calabaza, retire las semillas y córtela en dados.

> **3** Caliente el aceite en una fuente o cacerola refractaria. Añada las chuletas y fríalas a fuego vivo de 2 a 3 minutos, dándoles la vuelta una vez.

> **4** Incorpore la calabaza, la cebolla y la mitad del caldo, y llévelos a ebullición.

>5 Agregue el jengibre, los orejones, la miel y el zumo, y salpimiéntelo todo. Tápelo y cuézalo a fuego medio unos 20 minutos, removiendo de vez en cuando.

>6 Mientras tanto, lleve el caldo restante a ebullición en un cazo, incorpore el cuscús y la ralladura de limón, y salpimiéntelo. Retírelo del fuego, tápelo y déjelo reposar 5 minutos.

Sirva el cordero decorado con menta
fresca y acompañado del cuscús.

chuletas de cordero con naranja y limón

para 2 personas

ingredientes

1 diente de ajo majado
  (triturado)
1 cucharada de aceite
  de oliva
2 cucharadas de ralladura
  fina de naranja
2 cucharadas de ralladura
  fina de limón
6 chuletillas de cordero
sal y pimienta
cuñas de naranja, para
  decorar

>1 Precaliente una plancha acanalada.

>2 Mezcle el ajo, el aceite y los dos tipos de ralladura en un cuenco, y salpimiéntelo todo.

Decore el plato con las cuñas de naranja y sírvalo.

>3 Unte las chuletillas con la mezcla.

>4 Ase las chuletillas en la plancha 4 o 5 minutos por cada lado.

aves

sopa de fideos con pollo

para 4-6 personas

ingredientes

2 pechugas de pollo
deshuesadas y sin piel

2 litros de agua

1 cebolla sin pelar cortada
por la mitad

1 diente de ajo grande
cortado por la mitad

1 trozo de jengibre fresco
de 1 cm pelado y en
rodajas

4 granos de pimienta
ligeramente machacados

4 clavos (clavos de olor)

2 granos de anís estrellado

1 tallo de apio troceado

6 mazorcas de maíz
(choclo) baby en rodajas

2 cebolletas (cebollas de
verdeo) picadas finas

115 g de fideos vermicelli
de arroz deshidratados

1 zanahoria pelada y
rallada

sal y pimienta

>1 Introduzca las pechugas y el agua en una cazuela y llévelas a ebullición. Baje el fuego, déjelo hervir a fuego lento y retire toda la espuma de la superficie.

>2 Agregue la cebolla, el ajo, el jengibre, la pimienta, los clavos, el anís y una pizca de sal.

>3 Déjelo hervir a fuego lento durante 20 minutos o hasta que el pollo esté tierno y deje de tener un color rosado en el centro al cortarlo.

>4 Retire el pollo y reserve 1 litro de caldo aproximadamente. Incorpore el apio, el maíz y las cebolletas.

>5 Lleve el caldo a ebullición y hiérvalo hasta que el maíz esté casi tierno. Después, agregue los fideos y déjelo cocer todo 2 minutos.

>6 Mientras, trocee el pollo, introdúzcalo en la cazuela con la zanahoria y deje que cueza todo en torno a 1 minuto, hasta que el pollo se haya calentado de nuevo y los fideos estén tiernos. Salpiméntelo.

Vierta la sopa en cuencos y sírvala.

crema de pollo

para 4 personas

ingredientes

40 g de mantequilla
  (manteca)
4 chalotas (echalotes)
  picadas
1 puerro en rodajas
450 g de pechugas de
  pollo deshuesadas, sin piel
  y troceadas

600 ml de caldo de pollo
1 cucharada de perejil
  fresco picado
1 cucharada de tomillo
  fresco picado, y unas
  ramitas para decorar

175 ml de nata (crema)
  espesa
sal y pimienta

>1 Funda la mantequilla en un cazo grande a fuego medio. Añada la chalota y rehóguela, sin dejar de remover, 3 minutos o hasta que esté tierna.

>2 Incorpore el puerro y rehóguelo otros 5 minutos, sin dejar de remover.

>3 Añada el pollo, el caldo y las hierbas, y salpimiéntelo todo al gusto. Después de llevarlo a ebullición, déjelo cocer a fuego lento 25 minutos, hasta que el pollo esté tierno.

>4 Retírelo del fuego y déjelo enfriar 10 minutos. Pase la sopa a un robot de cocina o batidora y tritúrela hasta obtener una mezcla sin grumos (quizá deba hacerlo por tandas).

>5 Lave el cazo, vuelva a verter la sopa en él
y caliéntela a fuego lento 5 minutos.

>6 Incorpore la nata y déjela cocer 2 minutos
más. Retire la crema del fuego y sírvala en
cuencos.

Decórela con unas ramitas de tomillo
y sírvala enseguida.

alitas de pollo con jengibre y soja

para 4 personas

ingredientes

12 alitas de pollo
2 dientes de ajo
  majados (triturados)
1 trozo de jengibre fresco
  de unos 2,5 cm troceado
2 cucharadas de salsa
  de soja (soya) oscura
2 cucharadas de zumo
  (jugo) de lima
1 cucharada de miel
1 cucharadita de salsa
  de guindilla (chile)
2 cucharaditas de aceite
  de sésamo
gajos de lima, para
  decorar

>1 Introduzca el extremo en punta de cada ala bajo la parte más gruesa para obtener un triángulo.

>2 Mezcle el ajo, el jengibre, la salsa de soja, el zumo de lima, la miel, la salsa de guindilla y el aceite.

Disponga las alitas en una fuente
y sírvalas calientes, decoradas
con gajos de lima.

>3 Rocíe las alitas con esta mezcla y deles
la vuelta para que se impregnen bien.
Tápelas y déjelas marinar varias horas o
toda la noche.

>4 Precaliente el grill a temperatura alta.
Forre una bandeja de horno con papel de
aluminio y ase las alas de 12 a 15 minutos,
hasta que estén tiernas y desprendan un
jugo de color claro al pinchar la parte más
gruesa de la carne.

pollo asado con limón y tomillo

para 6 personas

ingredientes

1 pollo de unos 2,25 kg

55 g de mantequilla
(manteca) reblandecida

2 cucharadas de tomillo de
limón fresco picado y unas
ramitas para decorar

1 limón cortado en cuartos

125 ml de vino blanco, y un
poco más si es necesario

sal y pimienta

>1 Precaliente el horno a 220°C y coloque el pollo en una bandeja para asar.

>2 Disponga la mantequilla en un cuenco, añada el tomillo, salpimiente la mezcla al gusto y unte con ella el pollo.

>3 Introduzca el limón en la cavidad. Vierta el vino sobre el pollo y hornéelo durante 15 minutos.

>4 Reduzca la temperatura a 190°C y déjelo cocer, rociándolo con el caldo a menudo, durante 1¾ horas.

>5 Para comprobar si el pollo está hecho, pinche la parte más gruesa del muslo con un termómetro para carne. Debería marcar 75°C. También puede pinchar la carne con la punta de un cuchillo: el jugo debería ser claro y la carne no debería tener color rosado. Si separa con suavidad la pata del cuerpo del pollo, esta debería ceder con facilidad. Pase el pollo a una fuente caliente. Tápelo con papel de aluminio y déjelo reposar 10 minutos.

>6 Coloque la bandeja donde ha asado el pollo sobre la placa, y deje que el jugo cueza a fuego lento hasta que se reduzca y quede espeso y brillante. Salpimiéntelo al gusto y resérvelo.

>7 Para trinchar el pollo, colóquelo sobre una tabla de cortar limpia. Con un cuchillo y un tenedor para trinchar, realice un corte entre las alas y el lateral de la pechuga. Retire las alas y corte la pechuga en rodajas.

>8 Corte las patas y haga una incisión en la articulación para separar el muslo y el contramuslo.

Corte el pollo en porciones
y sírvalo enseguida con la salsa.

cazuelitas de pollo

para 6 unidades

ingredientes

1 cucharada de aceite de oliva

225 g de champiñones en láminas

1 cebolla bien picada

5 zanahorias en rodajas

2 tallos de apio en rodajas

1 litro de caldo de pollo frío

85 g de mantequilla (manteca)

55 g de harina, y un poco más para espolvorear

900 g de pechugas de pollo deshuesadas, sin piel y en dados de 3 cm

115 g de guisantes (arvejas, chícharos) congelados

1 cucharadita de tomillo fresco picado

1½ láminas de masa quebrada

1 huevo ligeramente batido

sal y pimienta

>1 Precaliente el horno a 200 °C. Caliente el aceite en una cazuela grande. Añada los champiñones y la cebolla, y rehóguelos 8 minutos a fuego medio, removiendo con frecuencia, hasta que se doren.

>2 Agregue las zanahorias, el apio y la mitad del caldo, y llévelo todo a ebullición. Déjelo cocer a fuego lento de 12 a 15 minutos, hasta que las verduras estén casi tiernas.

>3 Mientras, funda la mantequilla en un cazo grande a fuego medio. Incorpore la harina y rehóguelo todo removiendo sin parar 4 minutos.

>4 Incorpore poco a poco el caldo restante, baje el fuego y déjelo cocer a fuego lento, removiendo hasta que espese. Añada la mezcla de verduras y el pollo, los guisantes y el tomillo.

> **5** Déjelo cocer a fuego lento, removiendo constantemente, 5 minutos. Pruébelo y rectifique de sal y pimienta. Reparta la mezcla en seis cazuelitas (ramequines) grandes.

> **6** Extienda la masa sobre una superficie enharinada y recorte seis círculos con 2 cm de diámetro más que las cazuelitas.

> **7** Coloque los círculos de masa sobre el relleno y rice los bordes. Realice una pequeña cruz en el centro de cada círculo.

> **8** Disponga las cazuelitas sobre una bandeja para horno y píntelas con el huevo batido. Hornéelas entre 35 y 40 minutos, hasta que estén bien doradas y burbujeen.

Deje reposar las cazuelitas 15 minutos
antes de servirlas.

fajitas de pollo

para 4 personas

ingredientes

3 cucharadas de aceite de
oliva, y un poco más para
aliñar

3 cucharadas de sirope
(jarabe) de arce o miel

1 cucharada de vinagre de
vino tinto

2 dientes de ajo majados
(triturados)

2 cucharaditas de orégano
seco

1-2 cucharaditas de
pimienta roja molida

4 pechugas de pollo
deshuesadas y sin piel

2 pimientos (morrones) rojos
sin semillas cortados en
tiras de 2 cm

sal y pimienta

tortillas mexicanas
templadas y lechuga
troceada, para decorar

> **1** Mezcle el aceite, el sirope, el vinagre, el ajo,
el orégano y la pimienta en una fuente poco
profunda, y salpimiéntelo todo al gusto.

> **2** Corte el pollo a contraveta en tiras de
2 cm de grosor. Empápelo con el adobo.
Cúbralo y déjelo enfriar 2 o 3 horas,
dándole la vuelta de vez en cuando.

Reparta el pollo y los pimientos sobre las tortillas, disponga encima un poco de lechuga, enrolle las fajitas y sírvalas enseguida.

>3 Escurra el pollo y deseche el adobo. Caliente una plancha. Incorpore el pollo y áselo a fuego entre medio y vivo 3 o 4 minutos por cada lado, hasta que esté hecho. Páselo a una fuente y manténgalo caliente.

>4 Ponga los pimientos a la sartén, con la piel hacia abajo, y áselos 2 minutos por cada lado, hasta que estén bien hechos. Páselos a la fuente junto con el pollo.

pollo envuelto en jamón con pesto

para 4 personas

ingredientes

4 pechugas de pollo deshuesadas y sin piel

4 cucharaditas de pesto verde

125 g de mozzarella fresca

4 lonchas finas de jamón serrano

250 g de tomates cherry cortados por la mitad

75 ml de vino blanco seco o caldo de pollo

1 cucharada de aceite de oliva

sal y pimienta

pan de chapata, para acompañar

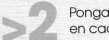

>1 Precaliente el horno a 220°C. Coloque las pechugas sobre una tabla y, con un cuchillo afilado, haga un corte profundo a modo de bolsillo en cada una.

>2 Ponga una cucharada de pesto en cada bolsillo.

>3 Corte el queso en cuatro trozos iguales y repártalos entre las pechugas, metiéndolos en los bolsillos.

>4 Enrolle una rodaja de jamón alrededor de cada pechuga para sujetar el relleno, con el pliegue en la parte inferior.

5 Disponga las pechugas en una fuente refractaria poco profunda y reparta los tomates alrededor.

6 Salpiméntelas, rocíelas con el vino y riéguelas con el aceite.

7 Hornéelas de 15 a 20 minutos, hasta que la carne esté tierna y deje de tener color rosado al pincharla.

8 Corte las pechugas por la mitad en diagonal, emplátelas con los tomates y rocíelas con el jugo.

Sirva el pollo con trozos de chapata.

pechugas de pollo
con costra de parmesano

para 4 personas

ingredientes

4 pechugas de pollo
  deshuesadas y sin piel
5 cucharadas de salsa
  pesto
40 g de pan de chapata
  (ciabatta) rallado

25 g de parmesano rallado
ralladura fina de ½ limón
2 cucharadas de aceite de
  oliva

sal y pimienta
tomates en rama asados,
  para decorar

> **1** Precaliente el horno a 220 °C. Haga un corte profundo en cada pechuga a modo de bolsillo.

> **2** Abra las pechugas de pollo y disponga una cucharada de pesto en cada bolsillo.

> **3** Cierre las pechugas ya rellenas y colóquelas en una fuente para horno.

> **4** Mezcle el pesto sobrante con el pan rallado, el parmesano y la ralladura de limón.

111

>5 Reparta la mezcla de pan rallado sobre las pechugas. Salpimiéntelas al gusto y riéguelas con el aceite.

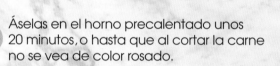

>6 Áselas en el horno precalentado unos 20 minutos, o hasta que al cortar la carne no se vea de color rosado.

Sirva el pollo caliente con tomates
en rama asados.

pollo al vapor con guindilla y cilantro

para 4 personas

ingredientes

55 g de mantequilla (manteca) reblandecida

1 guindilla (chile) roja tailandesa fresca sin semillas picada

3 cucharadas de cilantro fresco picado

4 pechugas de pollo deshuesadas y sin piel, de unos 175 g cada una

400 ml de leche de coco

350 ml de caldo de pollo

200 g de arroz de grano largo

sal y pimienta

hortalizas

1 zanahoria

½ pepino

3 cebolletas (cebollas de verdeo)

2 cucharadas de vinagre de arroz

>1 Mezcle la mantequilla con el chile y el cilantro.

>2 Realice un corte profundo en uno de los lados de las pechugas y ábralas a modo de libro.

>3 Rellene cada pechuga con una cuarta parte de la mezcla y colóquelas sobre cuatro cuadrados de papel de horno.

>4 Salpimiente las pechugas, junte los dos extremos del papel y pliéguelo para que quede bien sellado. Enrolle los extremos como si fuera un caramelo.

>5 Vierta la leche de coco y el caldo en una olla y coloque una vaporera encima. Llévelo a ebullición. Añada el arroz y una pizca de sal.

>6 Coloque las pechugas envueltas en la vaporera, tápelas y cuézalas de 15 a 18 minutos, removiendo el arroz una vez, hasta que este último esté tierno y el pollo deje de tener color rosado al pincharlo en su parte más gruesa.

>7 Mientras tanto, lave la zanahoria, el pepino y las cebolletas, y córtelos en juliana. Rocíe las hortalizas con el vinagre.

>8 Desenvuelva las pechugas, reserve el jugo de cocción y córtelas por la mitad en diagonal.

Coloque las pechugas sobre el arroz, vierta
el jugo de cocción por encima y sírvalas
con las hortalizas encurtidas a un lado.

pollo con macarrones a la crema

para 2 personas

ingredientes

200 g de macarrones
1 cucharada de aceite
 de oliva
2 pechugas de pollo
 deshuesadas y
 sin piel
4 cucharadas de vino
 blanco seco
115 g de guisantes
 (arvejas, chícharos)
 congelados
80 ml de nata (crema)
 espesa
sal
10-15 g de perejil fresco
 picado, para aderezar

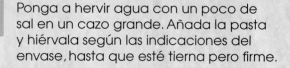

> **>1** Ponga a hervir agua con un poco de sal en un cazo grande. Añada la pasta y hiérvala según las indicaciones del envase, hasta que esté tierna pero firme.

> **>2** Mientras tanto, caliente el aceite en una sartén, añada el pollo y fríalo a fuego medio unos 4 minutos por cada lado.

Decórelo con el perejil y sírvalo.

> **>3** Vierta el vino y prosiga la cocción a fuego vivo hasta que se evapore casi por completo, y hasta que el pollo esté tierno y deje de tener un color rosado al pincharlo en su parte más gruesa.

> **>4** Escurra la pasta. Agregue los guisantes, la nata y la pasta a la sartén y remuévalo todo bien. Tápelo y déjelo cocer a fuego lento 2 minutos.

risotto de pollo con azafrán

para 4 personas

ingredientes

125 g de mantequilla
  (manteca)
900 g de pechugas de
  pollo deshuesadas, sin piel
  y fileteadas finas

1 cebolla grande troceada
500 g de arroz para risotto
150 ml de vino blanco
1 cucharadita de hebras
  de azafrán

1,3 litros de caldo de pollo
  caliente
55 g de parmesano rallado
sal y pimienta

Caliente 55 g de mantequilla en una cazuela. Añada el pollo y la cebolla y sofríalos, removiendo con frecuencia, durante 8 minutos o hasta que se doren.

>2 Incorpore el arroz y remueva para que se impregne de mantequilla. Rehogue removiendo sin parar 2 o 3 minutos o hasta que los granos estén translúcidos.

>3 Añada el vino y siga removiendo durante 1 minuto hasta que se reduzca.

>4 Mezcle el azafrán con 4 cucharadas de caldo caliente. Añada el líquido al arroz y remueva sin parar hasta que lo absorba.

>5 Agregue poco a poco el resto del caldo con un cucharón. Vaya añadiendo líquido a medida que el arroz absorba el que ya tiene. Remueva durante 20 minutos o hasta que el arroz haya absorbido todo el líquido y esté cremoso.

>6 Retire el arroz del fuego y añada el resto de la mantequilla. Remuévalo bien, e incorpore el parmesano, mezclándolo hasta que se funda. Salpimiéntelo al gusto.

Reparta el risotto en platos templados
y sírvalo enseguida.

yakisoba

para 2 personas

ingredientes

400 g de fideos ramen
1 cebolla bien picada
200 g de brotes de soja
  (soya)
1 pimiento (morrón) rojo
  sin semillas picado
150 g de pollo cocido y
  cortado en tiras
12 gambas (langostinos)
  cocidas y peladas
1 cucharada de aceite,
  para saltear
2 cucharadas de shoyu
½ cucharada de mirin
1 cucharadita de aceite
  de sésamo
1 cucharadita de sésamo
2 cebolletas (cebollas de
  verdeo) bien picadas

> **1** Cueza los fideos según las indicaciones del envase, escúrralos bien y páselos a un cuenco.

> **2** Mezcle la cebolla, la soja, el pimiento, el pollo y las gambas en un cuenco. Añádaselo a los fideos. Mientras, ponga un wok a fuego vivo, agregue el aceite y caliéntelo hasta alcanzar una temperatura alta.

Espolvoréelos con el sésamo y las cebolletas, y sírvalos.

>3 Agregue los fideos y saltéelos 4 minutos o hasta que se doren. Después, agregue el shoyu, el mirin y el aceite de sésamo, y remueva.

>4 Reparta los fideos en cuencos individuales.

pollo con anacardos

para 4-6 personas

ingredientes

450 g de carne de pollo deshuesada, sin piel y troceada

3 cucharadas de salsa de soja (soya) clara

1 cucharadita de vino de arroz chino

una pizca de azúcar

½ cucharadita de sal

3 setas (hongos) chinas deshidratadas, remojadas en agua caliente durante 20 minutos

2 cucharadas de aceite vegetal o de cacahuete (maní)

4 rodajas de jengibre fresco

1 cucharadita de ajo picado fino

1 pimiento (morrón) rojo sin semillas cortado en cuadrados de 2 cm

85 g de anacardos (castañas de Cajú) tostados

>1 Macere el pollo en 2 cucharadas de salsa de soja, el vino, azúcar y sal durante al menos 20 minutos.

>2 Escurra el exceso de agua de las setas y píquelas finas, desechando los tallos duros. Reserve el agua.

>3 En un wok precalentado, caliente una cucharada de aceite. Agregue el jengibre y saltéelo hasta que suelte el aroma. Añada el pollo y fríalo 2 minutos, hasta que se dore. Antes de que se cocine del todo, retírelo y resérvelo.

>4 Limpie el wok, caliente el aceite restante y saltee el ajo hasta que suelte su aroma. Añada las setas y el pimiento, y rehóguelos 1 minuto.

Agregue 2 cucharadas del agua de las setas y rehóguelo unos 2 minutos hasta que el agua se haya evaporado.

>6 Vuelva a incorporar el pollo y añada la salsa de soja restante y los anacardos. Rehóguelo todo 2 minutos hasta que el pollo esté hecho.

Repártalo en cuencos y sírvalo.

pollo al curry verde

para 4 personas

ingredientes

2 cucharadas de aceite
de cacahuete (maní) o
vegetal
4 cebolletas (cebollas de
verdeo) troceadas
2 cucharadas de pasta
de curry verde
700 ml de leche de coco
envasada
1 cubito de caldo de pollo
6 pechugas de pollo
deshuesadas, sin piel y en
dados de 2 cm
1 manojo grande de
cilantro fresco picado
1 cucharadita de sal
arroz hervido, para
acompañar

>1 Caliente el aceite en un wok
precalentado, añada la cebolleta
y saltéela a fuego medio-fuerte
30 segundos o hasta que empiece
a ablandarse.

>2 Agregue la pasta de curry, la leche
de coco y el cubito de caldo, y llévelo
a ebullición, removiendo de vez en
cuando.

Sírvalo enseguida con arroz.

> **>3** Incorpore el pollo, la mitad del cilantro y la sal, y remueva. Asegúrese de que todo el pollo está cubierto de líquido. Baje el fuego y déjelo hervir a fuego lento de 8 a 10 minutos hasta que el pollo esté hecho y tierno.

> **>4** Añada el resto del cilantro.

pollo teriyaki

para 4 personas

ingredientes

4 pechugas de pollo
 deshuesadas de unos
 175 g cada una, con
 o sin piel
60 ml de salsa teriyaki
aceite de cacahuete
 (maní) o de maíz, para
 barnizar

para los fideos de sésamo

250 g de fideos de trigo
 sarraceno finos secos
1 cucharada de aceite
 de sésamo tostado
2 cucharadas de sésamo
 tostadas

2 cucharadas de perejil
 fresco picado fino
sal y pimienta

>1 Haga tres cortes diagonales en cada pechuga con un cuchillo afilado. Sumérjalas en la salsa teriyaki y déjelas macerar en el frigorífico durante al menos 10 minutos y un máximo de 24 horas.

>2 Lleve a ebullición un cazo de agua, añada los fideos y cuézalos según las indicaciones del envase. Escúrralos y enjuáguelos bien con agua fría.

>3 Engrase una plancha acanalada con un poco de aceite de cacahuete. Coloque las pechugas con la piel hacia arriba y úntelas con un poco más de salsa teriyaki.

>4 Ase las pechugas a la plancha, untándolas con salsa teriyaki de vez en cuando, durante 15 minutos o hasta que estén tiernas y bien hechas..

Mientras, caliente un wok a fuego
vivo. Agregue el aceite de sésamo y
caliéntelo hasta que brille.

>6 Incorpore los fideos y saltéelos hasta que
se calienten. Después, añada el sésamo
y el perejil. Salpimiéntelo al gusto.

Sirva las pechugas en platos individuales
con guarnición de fideos.

ñoquis con pavo y brócoli

para 4 personas

ingredientes

1 cucharada de aceite de
   girasol
500 g de carne de pavo
   en tiras
2 puerros pequeños
   en *sifflets* (rodajas
   diagonales)
500 g de ñoquis frescos
200 g de brócoli
   en ramilletes
85 ml de nata (crema)
   líquida
1 cucharada de mostaza
   en grano
3 cucharadas de zumo
   (jugo) de naranja
sal y pimienta
35 g de piñones tostados,
   para decorar

>1 Caliente el aceite en un wok o una
sartén grande, añada el pavo y el puerro
y saltéelos a fuego vivo 5 o 6 minutos,
hasta que el pavo esté hecho.

>2 Mientras, ponga a hervir agua con un
poco de sal en una cacerola. Añada
los ñoquis y el brócoli y cuézalos 3 o
4 minutos.

Sírvalo enseguida, con los piñones
por encima.

> **>3** Escurra los ñoquis y el brócoli e incorpórelos a la mezcla de pavo.

> **>4** Mezcle la nata, la mostaza y el zumo en un bol. Salpimiéntelo todo e incorpórelo al wok.

filetes de pavo a la plancha con limón

para 4 personas

ingredientes

1 limón
2 cucharadas de aceite
  de oliva
1 diente de ajo majado
  (triturado)

4 filetes de pavo
sal y pimienta
ensalada, para acompañar

Ralle fina la cáscara del limón y exprima el zumo.

Mezcle la ralladura de limón, el zumo de limón, el aceite y el ajo en una fuente amplia que no sea de metal.

>3

Agregue los filetes a la mezcla de limón, dándoles la vuelta para que se empapen bien. Cúbralos con film transparente y déjelos enfriar en el frigorífico 30 minutos. Escurra el pavo y deseche el adobo.

>4

Precaliente una plancha. Salpimiente los filetes al gusto, dispóngalos en la plancha y áselos unos 4 minutos, hasta que se doren.

139

>5 Con unas pinzas, dé la vuelta a los filetes y áselos por el otro lado durante 3 o 4 minutos, hasta que estén tiernos y dejen de tener color rosado al cortarlos por el centro.

>6 Pase los filetes a un plato templado, cúbralos con papel de aluminio y déjelos reposar 3 o 4 minutos antes de servirlos.

escalopes de pavo con patatas

para 4 personas

ingredientes

4 patatas (papas)

2 cucharadas de aceite de oliva, y un poco más para freír

1 cucharada de salvia seca

55 g de pan recién rallado

40 g de parmesano rallado fino

4 escalopes (escalopas) de pavo

1 huevo batido

sal y pimienta

limón en cuñas, para acompañar

>1 Precaliente el horno a 220°C. Corte cada patata en ocho cuñas.

>2 Disponga las patatas en un cuenco y añada el aceite y 1 cucharadita de la salvia; salpimiente al gusto. Remueva bien para que las patatas se empapen.

>3 Disponga las patatas en una sola capa en una bandeja para horno. Hornéelas unos 25 minutos, hasta que estén tiernas y doradas.

>4 Mientras, mezcle el pan rallado, el queso y el resto de la salvia, y salpimiéntelo todo.

Empape el pavo en el huevo batido y
después rebócelo en la mezcla de pan,
presionando para cubrir los dos lados.

Caliente una buena cantidad de aceite
en una sartén a fuego vivo y fría los
escalopes de 4 a 5 minutos, dándoles la
vuelta una vez, hasta que estén dorados
y hechos (cuando dejen de tener color
rosado al cortarlos por el centro).

Sirva los escalopes calientes con las patatas
y el limón.

pavo, brócoli y bok choy

para 4 personas

ingredientes

450 g de pechuga de pavo
sin piel y en tiras

200 g de arroz de grano
largo

1 cucharada de aceite
vegetal

1 tallo de brócoli en
ramilletes

2 bok choy lavadas y
separadas

1 pimiento (morrón) rojo
bien picado

50 ml de caldo de pollo

sal

para el adobo

1 cucharada de salsa de
soja (soya)

1 cucharada de miel

2 dientes de ajo majados
(triturados)

>1 Para el adobo, mezcle los ingredientes en un cuenco mediano. Incorpore el pavo y remueva para que se empape. Cúbralo con film transparente y déjelo marinar en el frigorífico 2 horas.

>2 Hierva el arroz en un cazo de agua con sal según las indicaciones del envase, hasta que esté tierno. Escúrralo y resérvelo caliente.

>3 Mientras, caliente un wok a fuego entre medio y vivo, y caliente el aceite 1 minuto. Añada el pavo y rehóguelo 3 minutos, hasta que esté hecho.

>4 Retire el pavo con una espumadera y resérvelo caliente. Añada el brócoli, el bok choy y el pimiento al wok y saltéelo todo 2 minutos.

>5 Añada el caldo y continúe salteando 2 minutos, o hasta que las verduras estén tiernas pero firmes.

>6 Pase el pavo de nuevo al wok y rehóguelo brevemente para recalentarlo.

Sírvalo enseguida con el arroz.

pato asado con salsa hoisin y sésamo

para 4 personas

ingredientes

2 pechugas de pato de unos 225 g cada una

½ cucharadita de anís estrellado molido

3 cucharadas de salsa hoisin

1 cucharada de aceite de sésamo

1 mango maduro

½ pepino

4 cebolletas (cebollas de verdeo)

1 cucharada de vinagre de arroz

sésamo tostado, para decorar

> **1** Con un cuchillo afilado, realice cortes en forma de rombos en la piel de las pechugas.

> **2** Mezcle el anís, la salsa hoisin y el aceite de sésamo, y unte el pato con la mezcla. Tápelo y déjelo marinar al menos 30 minutos.

Sirva las lonchas de pato sobre una ración
de ensalada de mango y espolvoréelas
con el sésamo.

>3 Mientras tanto, precaliente el grill del horno
a temperatura máxima. Pele el mango,
deshuéselo y córtelo en tiras finas. Corte el
pepino en bastoncitos y pique las cebolletas.
Mézclelo todo y alíñelo con vinagre.

>4 Ase el pato de 8 a 10 minutos por
cada lado, untándolo con el adobo.
Déjelo reposar 5 minutos y córtelo
en lonchas finas.

pechugas de pato con glaseado de cítricos

para 4 personas

ingredientes

55 g de azúcar moreno
   (negro), y un poco más
   si es necesario
ralladura fina y zumo
   (jugo) de 1 naranja

ralladura fina y zumo
   (jugo) de 1 limón grande
ralladura fina y zumo
   (jugo) de 1 lima
4 pechugas de pato con
   piel

2 cucharadas de aceite
   de oliva
sal y pimienta
tirabeques recién cocidos
   y cuñas de naranja, para
   acompañar

>1 Coloque el azúcar en un cazo, vierta agua hasta cubrirlo y caliéntelo a fuego lento hasta que se disuelva.

>2 Añada la ralladura y el zumo de los cítricos y llévelo todo a ebullición.

>3 Baje el fuego y cuézalo unos 10 minutos hasta obtener una consistencia de almíbar. Retírelo del fuego, rectifique de azúcar y resérvelo caliente.

>4 Mientras tanto, realice unos cortes en la piel de las pechugas con un cuchillo afilado, y frótelas con sal y pimienta.

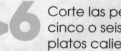

>5 Caliente el aceite en una sartén. Coloque las pechugas con la piel hacia abajo y fríalas 5 minutos por cada lado hasta que la carne adquiera un color rosado.

>6 Corte las pechugas diagonalmente en cinco o seis lonchas y colóquelas en platos calientes.

Disponga unos tirabeques y algunas cuñas de naranja en cada plato, cubra la carne con el glaseado y sírvala enseguida.

pescado y marisco

pescado al grill con limón

para 4 personas

ingredientes

aceite de oliva, para
  engrasar
4 filetes de pescado blanco
  (como platija, pargo o
  abadejo) de unos 175 g
  cada uno

sal y pimienta
limón en cuñas, para
  acompañar

>1 Precaliente el grill a temperatura máxima. Engrase con aceite una bandeja de horno o una fuente refractaria poco profunda.

>2 Para quitar la piel, disponga el pescado con la piel hacia abajo y deslice un cuchillo afilado entre la piel y la carne, manteniéndolo siempre plano.

>3 Coloque los filetes de pescado en la bandeja. Úntelos generosamente con aceite y salpiméntelos al gusto.

>4 Áselos al grill durante 3 o 4 minutos, hasta que la superficie del pescado esté firme y blanca.

159

>5 Con una espátula, dé la vuelta a los filetes con cuidado. Úntelos con aceite y salpimiéntelos.

>6 Ase el pescado por el otro lado 3 o 4 minutos, hasta que haya adquirido firmeza y se desmenuce con un tenedor.

Sirva el pescado enseguida con
las cuñas de limón.

pescado empanado con mayonesa picante

para 4 personas

ingredientes

200 g de harina de trigo
3 huevos
140 g de harina de matzá
450 g de filetes de
    pescado blanco firme
    (como bacalao, pargo o
    abadejo) en tiras

aceite de girasol o de
    cacahuete (maní),
    para freír
sal y pimienta

para la mayonesa

2 cucharadas de salsa de
    guindilla (chile) dulce
60-80 ml de mayonesa

>1 Mezcle la harina blanca con abundante sal y pimienta en un plato llano grande.

>2 Bata los huevos en un cuenco.

>3 Extienda la harina de matzá en otro plato llano.

>4 Pase el pescado por la harina sazonada, luego por el huevo batido y, por último, por la harina de matzá, de manera que quede bien rebozado.

>5 Vierta el aceite en una sartén antiadherente y caliéntelo. Fría los filetes de pescado por tandas unos minutos y deles la vuelta una vez, hasta que se doren y estén bien hechos. Manténgalos calientes mientras cocina el resto.

>6 Para la mayonesa, coloque ambos ingredientes en un bol y bátalos hasta obtener una mezcla homogénea.

Disponga el pescado empanado en platos calientes y sírvalo acompañado de la mayonesa.

atún a la pimienta

para 4 personas

ingredientes

4 filetes de atún de unos
  175 g cada uno
4 cucharaditas de aceite
  de girasol o de oliva
1 cucharadita de sal
2 cucharadas de granos
  de pimienta rosa,
  verde y negra un poco
  machacados
un manojo de hojas de
  rúcula frescas, para
  decorar
limón en cuñas, para
  acompañar

>1   Unte el atún con el aceite.

>2   Sálelo.

Decore el pescado con la rúcula y sírvalo
con el limón para aliñarlo.

>3 Cúbralo con la pimienta machacada.

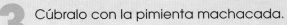

>4 Caliente una plancha acanalada a
fuego medio. Añada el atún y áselo
2 o 3 minutos por cada lado.

gratinado de pasta con atún

para 4 personas

ingredientes

250 g de coditos de pasta
375 g de atún en aceite, escurrido y desmenuzado
1 cebolla roja (morada) pequeña rallada
2 cucharadas de perejil fresco picado
200 g de cheddar rallado
1 huevo grande batido
225 ml de nata (crema) líquida
¼ cucharadita de nuez moscada rallada
sal y pimienta

> **1** Precaliente el horno a 220 °C y coloque una bandeja de horno en la ranura central. Lleve a ebullición agua con un poco de sal en un cazo, añada la pasta y cuézala según las indicaciones del envase o hasta que esté al dente. Escúrrala.

> **2** Mezcle la pasta, el atún, la cebolla, el perejil y la mitad del queso en una fuente refractaria con una capacidad de 2 litros. Extiéndalo todo bien.

Sirva la pasta
caliente.

>3 Bata el huevo con la nata y la nuez moscada
y salpiméntelo al gusto. Viértalo por encima
de los macarrones y espolvoréelos con el
queso restante.

>4 Coloque la fuente en la bandeja del
horno precalentada y gratine la pasta
unos 15 minutos, hasta que se dore y
burbujee.

tortitas de pescado

para 8 unidades

ingredientes

3 patatas (papas) peladas

300 g de salmón cocido desmenuzado

15 g de eneldo fresco picado, y un poco más para decorar

6 cebolletas (cebollas de verdeo), con algo de parte verde, bien picadas

1 cucharada de ralladura gruesa de limón

1 cucharada de harina de maíz tamizada

1 cucharadita de sal

½ cucharadita de pimienta

2 huevos ligeramente batidos

harina, para espolvorear

aceite para freír

para la mayonesa de ajo

3 dientes de ajo grandes pelados

1 cucharadita de sal marina gruesa

2 yemas de huevo a temperatura ambiente

250 ml de aceite de oliva virgen extra

2 cucharadas de zumo (jugo) de limón

>1 Lleve agua a ebullición en un cazo grande, añada las patatas y déjelas hervir 20 minutos o hasta que estén tiernas. Escúrralas bien, aplástelas y resérvelas.

>2 Con un tenedor, mezcle el salmón, la patata, el eneldo y la cebolleta en un cuenco grande.

>3 Espolvoree la mezcla con harina de maíz y salpimiéntela. Incorpore los huevos batidos.

Con las manos enharinadas, forme con la masa ocho albóndigas de unos 2 cm de grosor.

Disponga las tortitas en una bandeja de horno forrada con papel parafinado y refrigérelas al menos 2 horas.

Para preparar la mayonesa, maje el ajo y la sal con un mortero hasta obtener una masa homogénea. Pásela a un cuenco grande. Agregue las yemas y bata.

Añada el aceite, poco a poco, sin dejar de batir, hasta obtener una mezcla espesa y sin grumos. Agregue el zumo de limón y bátalo. Cúbralo con film transparente y resérvelo.

Caliente el aceite en una sartén y fría las tortitas a fuego entre medio y vivo 8 minutos, hasta que se doren. Deles la vuelta y fríalas 4 o 5 minutos hasta que se doren.

Decore las tortitas con el eneldo y sírvalas
enseguida con la mayonesa de ajo.

salmón al vapor

para 4 personas

ingredientes

40 g de mantequilla
 (manteca) fundida
4 filetes de salmón de
 unos 140 g cada uno
ralladura fina y zumo (jugo)
 de 1 limón
1 cucharada de cebollino
 (ciboulette) picado
1 cucharada de perejil
 picado
sal y pimienta
ensalada y pan crujiente,
 para acompañar

>1 Precaliente el horno a 200 °C. Corte
cuatro cuadrados de 30 cm de papel de
aluminio de doble grosor y úntelos con la
mantequilla derretida.

>2 Coloque un filete de salmón en cada
cuadrado y esparza por encima la ralladura
y el zumo de limón. Espolvoree el cebollino y
el perejil por encima, y salpimiéntelo.

Disponga el salmón y su jugo en platos calientes. Sírvalo enseguida con ensalada y pan crujiente.

>3 Envuélvalos holgadamente en papel de aluminio y pliegue el borde superior para que los paquetitos queden bien sellados.

>4 Disponga los paquetitos en una bandeja del horno y hornéelos 20 minutos, hasta que el pescado se desmenuce con facilidad.

salmón dorado al sésamo con bok choy

para 4 personas

ingredientes

1 trozo de jengibre fresco de unos 2,5 cm, troceado

1 cucharada de salsa de soja (soya)

1 cucharadita de aceite de sésamo

4 filetes de salmón sin piel

2 cucharadas de sésamo

gajos de lima, para decorar

para la guarnición

2 bok choy pequeños

1 manojo de cebolletas (cebollas de verdeo)

1 cucharada de aceite de girasol

1 cucharadita de aceite de sésamo

sal y pimienta

>1 Pele y ralle fino el jengibre, y mézclelo con la salsa de soja y el aceite de sésamo en una fuente.

>2 Añada el salmón y dele la vuelta para que se empape bien por ambos lados.

>3 Esparza la mitad del sésamo sobre uno de los lados del salmón y después haga lo mismo por el otro lado con el resto del sésamo.

>4 Corte el bok choy longitudinalmente en cuartos.

> **5** Corte las cebolletas en trozos grandes en diagonal.

> **6** Caliente una sartén de fondo grueso. Añada el salmón y fríalo 3 o 4 minutos. Dele la vuelta y fríalo 3 o 4 minutos más.

> **7** Mientras tanto, caliente el aceite de girasol y el aceite de sésamo en un wok, añada el bok choy y la cebolleta, y saltéelo todo 2 o 3 minutos. Salpimiéntelo al gusto.

> **8** Reparta las hortalizas en platos calientes y disponga los filetes de salmón encima.

Sírvalo enseguida con unas cuñas de lima
para aliñar el pescado

lubina con gremolata de aceitunas

para 4 personas

ingredientes

900 g de patatas (papas)
    nuevas pequeñas
4 filetes de lubina (róbalo)
    de unos 175 g cada uno

1 cucharada de aceite
    de oliva
60 ml de vino blanco seco
sal y pimienta

gremolata de aceitunas

ralladura fina de 1 limón
1 diente de ajo picado
2 manojos grandes de
    perejil (unos 55 g)
70 g de aceitunas negras
    sin hueso

2 cucharadas de
    alcaparras
2 cucharadas de aceite
    de oliva

>1 Cueza las patatas en agua con sal de 15 a 20 minutos o hasta que estén tiernas.

>2 Mientras tanto, prepare la gremolata. Coloque la ralladura, el ajo, el perejil, las aceitunas, las alcaparras y el aceite en una picadora y tritúrelos hasta obtener una mezcla grumosa.

>3 Unte los filetes de lubina con el aceite y salpiméntelos. Caliente una sartén de fondo grueso y fríalos durante 5 o 6 minutos, dándoles la vuelta una vez.

>4 Retire el pescado y resérvelo caliente. Vierta el vino en la sartén y hiérvalo 1 minuto sin dejar de remover.

>5 Coloque la gremolata en la sartén y caliéntela unos segundos a fuego lento.

>6 Cuando las patatas estén tiernas, escúrralas y cháfelas ligeramente con una cuchara de madera o un prensapatatas.

Sirva la lubina y las patatas aplastadas cubiertas con la gremolata.

brochetas de rape con mayonesa de albahaca

para 2–4 personas

ingredientes

1 diente de ajo majado
  (triturado)
ralladura fina y zumo
  (jugo) de 1 limón
2 cucharadas de aceite
  de oliva

500 g de filetes de rape
  cortados en trozos de
  3 cm
2 cebollas rojas cortadas
  en cuñas finas
sal y pimienta

para la mayonesa

2 yemas de huevo
1 cucharada de zumo
  (jugo) de limón
1 cucharadita de mostaza
  de Dijon

150 ml de aceite de girasol
150 ml de aceite de oliva
  virgen extra
55 g de hojas de
  albahaca fresca picadas

>1 Mezcle el ajo, la ralladura, el zumo de limón y el aceite de oliva, y salpiméntelo al gusto. Añada el pescado, tápelo y déjelo marinar 30 minutos en el frigorífico. Si va a utilizar brochetas de madera, póngalas en remojo en un cuenco con agua.

>2 Para la mayonesa de albahaca, bata las yemas de huevo, el zumo de limón y la mostaza hasta conseguir una textura homogénea.

>3 Vaya incorporando poco a poco el aceite de girasol hasta que la mezcla espese.

>4 Incorpore el aceite de oliva virgen extra con un chorrito continuo para formar una salsa espesa y cremosa. Añada la albahaca y rectifique el aliño añadiendo sal y pimienta, si es necesario.

Precaliente el grill del horno a temperatura máxima. Escurra el rape y reserve la marinada. Ensarte trozos de rape y de cebolla alternados en 4 brochetas de metal o de madera previamente remojadas.

Cocine las brochetas bajo el grill entre 6 y 8 minutos, dándoles la vuelta de vez en cuando y regándolas con la marinada, hasta que se doren.

Sirva las brochetas calientes
con la mayonesa de albahaca.

rape con costra de limón y perejil

para 4 personas

ingredientes

60 ml de aceite de girasol
15 g de pan recién rallado
10 g de perejil fresco
  picado, y unas ramitas
  para decorar
ralladura fina de 1 limón
  grande
4 filetes de rape de unos
  140-175 g cada uno
sal y pimienta

> **1** Precaliente el horno a 180°C. Mezcle el aceite, el pan rallado, el perejil y la ralladura en un cuenco hasta obtener una mezcla homogénea. Salpimiéntelo al gusto.

> **2** Coloque los filetes de pescado en una fuente grande de horno.

Decore el plato con unas ramitas de perejil y sírvalo.

>3 Reparta la mezcla de pan rallado sobre el pescado y presiónela con los dedos de modo que la superficie de los filetes quede bien cubierta.

>4 Hornee el rape 7 o 8 minutos o hasta que esté hecho.

cazuela rústica de pescado

para 4 personas

ingredientes

300 g de almejas frescas y limpias

2 cucharadas de aceite de oliva

1 cebolla grande troceada

2 dientes de ajo majados (triturados)

2 tallos de apio picados

350 g de filetes de pescado blanco firme (como bacalao, pargo o abadejo)

250 g de anillas de calamar limpias

400 ml de caldo de pescado

6 tomates pera troceados

un ramillete de tomillo fresco

sal y pimienta

pan crujiente, para acompañar

>1 Limpie las almejas frotando las valvas bajo el chorro de agua fría. Deseche las que tengan las valvas rotas y las que no se cierren al darles un golpecito.

 >2 Caliente el aceite en una cazuela y sofría la cebolla, el ajo y el apio 3 o 4 minutos, hasta que estén tiernos pero no dorados.

 >3 Mientras, trocee el pescado.

>4 Incorpore el pescado y los calamares a la cazuela, y sofríalos 2 minutos.

>5 Añada el caldo, el tomate y el tomillo, y salpimiente al gusto. Tápelo y déjelo cocer a fuego lento 3 o 4 minutos.

>6 Añada las almejas, tápelo y déjelo cocer a fuego vivo 2 minutos más, o hasta que se abran. Deseche aquellas que sigan cerradas.

Sirva la cazuela enseguida con trozos de pan.

paella

para 6-8 personas

ingredientes

3 cucharadas de aceite
 de oliva
6-8 muslos de pollo
140 g de chorizo en rodajas
2 cebollas grandes
 troceadas
4 dientes de ajo grandes
 majados (triturados)

1 cucharadita de pimentón
 suave o picante
350 g de arroz, lavado y
 escurrido
100 g de judías verdes
 (chauchas, habichuelas)
 troceadas
125 g de guisantes (arvejas,
 chícharos) congelados

1,3 litros de caldo de
 pescado
½ cucharadita de hebras
 de azafrán, remojadas en
 2 cucharadas de agua
 caliente
16 mejillones, remojados en
 agua con sal 10 minutos
16 gambas (langostinos)
 peladas y desvenadas

2 pimientos (morrones) rojos
 partidos por la mitad y
 sin semillas, asados a la
 parrilla, pelados y en tiras
sal y pimienta
perejil recién troceado,
 para decorar

>1 Caliente 3 cucharadas de aceite en una paellera o en una cacerola refractaria poco profunda de 30 cm de diámetro. Fría el pollo a fuego entre medio y vivo 5 minutos, dándole la vuelta con frecuencia, hasta que esté dorado y crujiente.

>2 Con una espumadera, páselo a un cuenco.

>3 Incorpore el chorizo a la paellera y fríalo, removiendo, 1 minuto o hasta que empiece a dorarse. Después, mézclelo con el pollo.

>4 Caliente el aceite restante en la paellera, añada la cebolla y rehóguela 2 minutos, removiendo de vez en cuando.

>5 Añada el ajo y el pimentón y déjelo cocer 3 minutos más o hasta que la cebolla esté blanda pero no dorada.

>6 Añada el arroz, las judías y los guisantes, y remueva bien para que se empapen de aceite. Pase de nuevo a la paellera el pollo y el chorizo, y los jugos que hayan desprendido.

>7 Agregue el caldo y el agua con el azafrán, salpimiéntelo al gusto y llévelo a ebullición, sin dejar de remover. Baje el fuego y déjelo cocer sin tapar 15 minutos.

>8 Disponga encima de la paella los mejillones, las gambas y los pimientos. Tápela y déjela cocer a fuego lento 5 minutos, hasta que las gambas adquieran una tonalidad rosácea y se abran los mejillones. Deseche los mejillones que no se hayan abierto. Asegúrese de que el pollo está bien hecho.

Decore la paella con el perejil
y sírvala enseguida.

fideos con langostinos a la tailandesa

para 4 personas

ingredientes

1 manojo de cebolletas
(cebollas de verdeo)
2 tallos de apio
1 pimiento (morrón) rojo
200 g de fideos vermicelli
de arroz
2 cucharadas de aceite de
cacahuete (maní)

55 g de cacahuetes
(maníes) sin sal
1 guindilla (chile) tailandesa
fresca picada
1 ramita de hierba de limón
(lemongrás) majada

400 ml de caldo de
pescado o de pollo
200 ml de leche de coco
2 cucharaditas de salsa de
pescado tailandesa

350 g de langostinos
cocidos y pelados
sal y pimienta
10 g de cilantro fresco
picado, para decorar

>1 Limpie las cebolletas y el apio, y córtelos en *sifflets* finos. Quítele las semillas al pimiento y córtelo en tiras finas.

>2 Cueza los fideos según las indicaciones del envase. Escúrralos.

>3 Caliente el aceite en un wok y saltee los cacahuetes 1 o 2 minutos o hasta que se doren. Retírelos con una espumadera.

>4 Agregue al wok la cebolleta, el apio y el pimiento picados, y saltéelos a fuego vivo 1 o 2 minutos.

5 Incorpore la guindilla, la hierba limón,
el caldo, la leche de coco y la salsa de
pescado, y llévelo todo a ebullición.

6 Añada los langostinos y llévelo todo de
nuevo a ebullición sin dejar de remover.
Salpiméntelo al gusto e incorpore los
fideos.

Páselo a cuencos calientes, decórelo con cilantro y sírvalo.

langostinos al jengibre con gírgolas

para 4 personas

ingredientes

150 ml de caldo de pollo
2 cucharaditas de sésamo
1 cucharada de jengibre fresco rallado
1 cucharada de salsa de soja (soya)

¼ cucharadita de tabasco
1 cucharadita de harina de maíz
3 cucharadas de aceite vegetal
3 zanahorias en rodajas finas

350 g de gírgolas en juliana
1 pimiento (morrón) rojo grande sin semillas cortado en juliana
450 g de langostinos pelados y desvenados

2 dientes de ajo majados (triturados)
ramitas de cilantro fresco, para decorar
arroz hervido, para acompañar

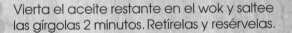

>1 En un cuenco pequeño mezcle el caldo, el sésamo, el jengibre, la salsa de soja, el tabasco y la harina de maíz hasta obtener una mezcla homogénea. Resérvelo.

>2 Caliente dos cucharadas de aceite en un wok grande. Saltee la zanahoria 3 minutos, retírela y resérvela.

>3 Vierta el aceite restante en el wok y saltee las gírgolas 2 minutos. Retírelas y resérvelas.

>4 Incorpore el pimiento, los langostinos y el ajo, y saltéelo todo 3 minutos o hasta que los langostinos tomen un color rosado y empiecen a curvarse.

Remueva de nuevo la salsa de jengibre
y viértala en el wok.

>**6** Cueza la mezcla hasta que borbotee, y
agregue la zanahoria y las setas reservadas.
Tápela y prosiga la cocción 2 minutos más
hasta que se calienten los ingredientes.

Sírvalo sobre un lecho de arroz cocido
y adórnelo con cilantro.

mejillones al vino

para 4 personas

ingredientes

115 g de mantequilla
  (manteca)
1 chalota (echalote)
  picada
3 dientes de ajo bien
  picados
2 kg de mejillones frescos
  con las valvas limpias
225 ml de vino blanco
  seco
10 g de perejil fresco
  picado fino
sal y pimienta
pan crujiente, para
  acompañar

>1 Coloque la mitad de la mantequilla en un cazo grande y fúndala a fuego lento. Añada la chalota y el ajo y siga rehogando 2 minutos.

>2 Retire los mejillones con las valvas rotas y los que no se cierren al darles un golpecito. Coloque el resto en el cazo, cúbralos con el vino y salpiméntelos. Tápelos, llévelos a ebullición y cuézalos 3 minutos, sacudiendo el cazo de vez en cuando.

Sírvalos enseguida acompañados de pan para mojar en la salsa.

> **3** Retire los mejillones del cazo con una espumadera y dispóngalos en cuencos individuales. Deseche los que no se hayan abierto.

> **4** Incorpore la mantequilla restante y el perejil al jugo del cazo. Llévelo a ebullición y viértalo sobre los mejillones.

risotto de marisco

para 4 personas

ingredientes

150 ml de vino blanco
  seco
4 calamares pequeños,
  limpios y cortados en aros
250 g de langostinos
  crudos, pelados y
  desvenados

250 g de mejillones frescos
  con las valvas limpias
2 cucharadas de aceite
  de oliva
55 g de mantequilla
  (manteca)

1 cebolla bien picada
2 dientes de ajo bien
  picados
2 hojas de laurel
350 g de arroz para risotto

1,5 litros de caldo de
  pescado caliente
sal y pimienta
perejil picado grueso,
  para decorar

>1 Caliente el vino en una cacerola hasta que hierva. Añada los calamares y los langostinos y déjelos cocer 2 minutos. Saque los calamares y los langostinos con una espumadera y resérvelos.

>2 Retire los mejillones con las valvas rotas y los que no se cierren al darles un golpecito. Incorpore los mejillones a la cacerola, tápela y déjelos cocer 2 o 3 minutos, hasta que se abran. Deseche aquellos que sigan cerrados. Escurra los mejillones, reservando el caldo, y sáquelos de sus valvas.

>3 Caliente el aceite y la mantequilla en una cacerola. Añada la cebolla y sofríala, removiendo 3 o 4 minutos hasta que se ablande.

>4 Incorpore el ajo, el laurel y el arroz, y remueva para impregnarlos de la mantequilla y el aceite. Rehóguelo todo removiendo sin parar 2 o 3 minutos o hasta que los granos estén translúcidos.

>5 Añada el caldo de cocción de los mejillones y vaya incorporando poco a poco el caldo caliente con un cucharón. Remueva durante 15 minutos o hasta que el arroz haya absorbido todo el líquido y esté cremoso.

>6 Agregue el marisco cocido, tápelo y déjelo cocer otros 2 minutos para calentarlo. Salpimiéntelo al gusto.

Sirva el risotto enseguida con el perejil esparcido por encima.

raviolis con cangrejo y ricota

para 4 personas

ingredientes

300 g de harina para
  pasta tipo 00 o harina
  común.
1 cucharadita de sal
3 huevos batidos
70 g de mantequilla
  (manteca) fundida

para el relleno

175 g de carne blanca de
  cangrejo
175 g de ricota
ralladura fina de 1 limón
una pizca de pimienta roja
  molida

2 cucharadas de perejil
  fresco picado
sal y pimienta

>1 Forme una montaña con la harina y la sal sobre una tabla o superficie de trabajo, haga un hueco en el centro y añada los huevos.

>2 Mezcle con un tenedor para incorporar poco a poco la harina en el líquido y formar la masa.

>3 Amásela 5 minutos, hasta que la masa esté sin grumos. Envuélvala en film transparente y déjela reposar 20 minutos.

>4 Para el relleno, mezcle el cangrejo, la ricota, la ralladura de limón, la guindilla y el perejil. Salpimiéntelo al gusto.

> **5** Estire la masa con una máquina para pasta o a mano hasta lograr un grosor de unos 3 mm, y córtela en 32 cuadrados de 6 cm.

> **6** Ponga una cucharada de relleno en el centro de la mitad de los cuadrados.

> **7** Pinte los bordes con agua y coloque encima los cuadrados restantes, apretándolos para sellarlos.

> **8** Ponga a hervir agua con un poco de sal en una cacerola. Añada los ravioli y hiérvalos 3 minutos, hasta que estén tiernos pero firmes. Escúrralos bien.

Aderece los ravioli con la mantequilla
fundida y pimienta, y sírvalos enseguida.

quesos y hortalizas

sopa de tomate

para 4 personas

ingredientes

2 cucharadas de aceite
de oliva
1 cebolla grande troceada
400 g de tomates pelados
de lata
300 ml de caldo de pollo
o de verduras
1 cucharada de
concentrado de tomate
1 cucharadita de salsa de
guindilla (chile) picante
1 manojo de hojas de
albahaca fresca
sal y pimienta

>1 Caliente el aceite en un cazo grande
a fuego medio, añada la cebolla y
sofríala 4 o 5 minutos, sin dejar de
removerla, hasta que esté tierna.

>2 Agregue el tomate troceado con
su jugo, el caldo, el concentrado de
tomate, la salsa de guindilla y la mitad
de las hojas de albahaca.

Sirva la sopa en cuencos templados, decorada con la albahaca restante.

> **>3** Triture la mezcla con una batidora eléctrica hasta que adquiera una consistencia homogénea. Transfiérala al cazo.

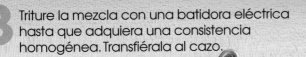

> **>4** Remueva la sopa a fuego medio hasta que hierva. Después, salpiméntela al gusto.

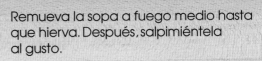

sopa minestrone

para 4 personas

ingredientes

2 cucharadas de aceite
  de oliva
2 dientes de ajo picados
2 cebollas rojas picadas
75 g de jamón serrano en tiras
1 pimiento (morrón) rojo y
  1 pimiento naranja sin semillas
  y troceados
400 g de tomate troceado
  en conserva
1 l de caldo de verduras
1 tallo de apio picado
400 g de alubias (porotos) pintas
  en conserva lavadas
  y escurridas
100 g de repollo en juliana
75 g de guisantes (arvejas,
  chícharos) congelados
1 cucharada de perejil fresco
  picado
75 g de fideos finos secos
sal y pimienta
parmesano recién rallado,
  para servir

> **1** Caliente el aceite en una cacerola. Añada el ajo, la cebolla y el jamón, y rehóguelo todo a fuego medio 3 minutos, sin dejar de remover, hasta que esté tierno.

> **2** Añada los dos tipos de pimiento y el tomate y rehóguelo todo, sin dejar de remover, 2 minutos más. Agregue el caldo y, después, el apio.

Esparza el parmesano por encima
y sirva enseguida.

>3 Añada las alubias junto con el repollo, los
guisantes y el perejil. Salpimiéntelo al gusto.
Cuando rompa a hervir, baje el fuego y
déjelo cocer a fuego lento 30 minutos.

>4 Agregue la pasta a la cacerola y
cuézala según las indicaciones del
envase. Retire la sopa del fuego
y sírvala en cuencos.

pizza de queso y tomate

para 2 personas

ingredientes

para la masa de pizza

225 g de harina, y un poco
  más para enharinar

1 cucharadita de sal

1 cucharadita de levadura
  seca en polvo

1 cucharada de aceite de
  oliva, y un poco más para
  engrasar

80 ml de agua tibia

para la cobertura

6 tomates en rodajas finas

175 g de mozzarella
  escurrida y en rodajas finas

2 cucharadas de albahaca
  fresca en juliana

2 cucharadas de aceite
  de oliva

sal y pimienta

> **1** Para preparar la masa de pizza, mezcle la harina y la sal con la levadura en un cuenco. Haga un hueco en medio y vierta dentro el aceite y el agua.

> **2** Con las manos enharinadas, incorpore poco a poco los ingredientes secos al líquido. Coloque la masa en una superficie ligeramente enharinada y amásela 5 minutos, hasta que esté sin grumos y elástica.

> **3** Ponga la masa en un cuenco limpio, cúbrala con film ligeramente engrasado y déjela 1 hora en un lugar templado, hasta que duplique su tamaño.

> **4** Precaliente el horno a 230°C. Engrase un poco una bandeja de horno.

>5 Coloque la masa sobre una superficie ligeramente enharinada y golpéela para extraer el aire. Amásela un poco y después forme un círculo de unos 5 mm de grosor.

>6 Coloque la base de la pizza en la bandeja de horno y levante el extremo con los dedos para formar un reborde.

>7 Disponga las rodajas de tomate y mozzarella sobre la base de la pizza.

>8 Salpimiéntela al gusto, espolvoréela con la albahaca y rocíela con el aceite. Métala en el horno precalentado de 20 a 25 minutos, hasta que esté dorada.

Córtela en porciones y sírvala enseguida.

tartaletas de queso de cabra

para unas 12 unidades

ingredientes

mantequilla (manteca) fundida, para engrasar

1½ láminas de masa de hojaldre preparada

harina, para espolvorear

1 huevo batido

3 cucharadas de cebolla o tomate confitados, o salsa de guindilla (chile)

350 g de rulo de queso de cabra en rodajas

aceite de oliva, para aderezar

pimienta

>1 Precaliente el horno a 200°C. Engrase una o dos bandejas de horno con mantequilla fundida.

>2 Coloque la lámina de hojaldre sobre una superficie de trabajo ligeramente enharinada y, si es necesario, extiéndala un poco con un rodillo para que quede uniforme.

>3 Corte la masa en círculos con un cortapastas de 7,5 cm de diámetro.

>4 Disponga los círculos de masa en las bandejas y presiónela un poco a unos 2,5 cm de distancia del borde con un cortapastas de 5 cm.

>5 Pinte la masa con el huevo batido y pínchela con un tenedor.

>6 Cubra cada círculo con una cucharadita de confitura y una rodaja de queso.

>7 Aliñe las tartaletas con aceite y sazónelas con una pizca de pimienta.

>8 Hornéelas de 8 a 10 minutos o hasta que el hojaldre esté crujiente y el queso borbotee.

Sírvalas templadas.

tortilla de queso feta y maíz dulce

para 3-4 personas

ingredientes

3 patatas (papas) blancas

2 cucharadas de aceite
 de oliva

1 cebolla picada

1 calabacín (zucchini)
 picado

200 g de maíz dulce
 (choclo amarillo) en
 conserva escurrido

6 huevos

100 g de queso feta
 escurrido y desmenuzado

sal y pimienta

pimentón dulce, para
 sazonar

>1 Pele las patatas y córtelas en dados de 1 cm.

>2 Cueza las patatas en una olla con agua y sal durante 5 minutos o hasta que estén tiernas. Escúrralas.

>3 Caliente el aceite en una sartén refractaria a fuego medio y sofría la cebolla unos 5 minutos, hasta que esté tierna.

>4 Incorpore el calabacín y la patata y rehóguelos 2 minutos. Añada el maíz.

231

>5 Casque los huevos en un cuenco, salpiméntelos y bátalos ligeramente.

>6 Vierta el huevo en la sartén y cúbralo con el queso feta. Cueza la tortilla de 4 a 6 minutos hasta que esté casi cuajada.

>7 Mientras tanto, caliente el grill del horno al máximo. Gratine la tortilla 2 o 3 minutos, hasta que cuaje y se dore.

>8 Sazone la tortilla con pimentón dulce y córtela en cuatro o seis porciones.

Sirva la tortilla caliente o fría.

estofado de alubias

para 4-6 personas

ingredientes

2 cucharadas de aceite de oliva
1 cebolla picada
2–4 dientes de ajo picados
2 guindillas (chiles) rojas frescas,
225 g de alubias (porotos) rojas
  y 225 g de alubias (porotos)
  blancas en conserva lavadas
225 g de garbanzos en conserva
  lavados
1 cucharada de concentrado
  de tomate
700-850 ml de caldo de verduras
1 pimiento (morrón) rojo sin
  semillas troceado
4 tomates en dados
175 g de habas tiernas sin vaina
1 cucharada de cilantro fresco
  picado
pimentón dulce, para sazonar
nata (crema) agria, para
  acompañar

>1 Caliente el aceite en una cacerola
de fondo grueso con tapa hermética.
Añada la cebolla, el ajo y las guindillas
y rehóguelos 5 minutos, removiendo a
menudo, hasta que se ablanden.

>2 Agregue las alubias rojas, las alubias
blancas y los guisantes. Mezcle el
concentrado de tomate con algo
del caldo y viértalo sobre la mezcla
de judías. Añada el resto del caldo.

Decórelo con el resto del cilantro y una pizca de pimentón, y sírvalo con cucharadas de nata agria por encima.

>3 Después de llevarlo a ebullición, baje el fuego y déjelo cocer a fuego lento 10 o 15 minutos. Agregue el pimiento, los tomates y las habas.

>4 Déjelo cocer de 15 a 20 minutos más, hasta que las verduras estén tiernas. Añada casi todo el cilantro.

tacos con aguacate y garbanzos

para 4 personas

ingredientes

2 aguacates (paltas)
 maduros pero firmes
1 cucharada de zumo
 (jugo) de lima
1 tomate en dados
1 cucharada de aceite
 de oliva

1 cebolla pequeña picada
400 g de garbanzos en
 conserva lavados y
 escurridos
1 cucharadita de guindilla
 (chile) suave en polvo
8 hojas de lechuga romana

8 tortillas
2 cucharadas de cilantro
 fresco picado, y unas
 ramitas para decorar
sal y pimienta
150 ml de nata (crema)
 agria, para aderezar

> **1** Parta por la mitad los aguacates, deshuéselos, corte la carne en dados y rocíela con el zumo.

> **2** Incorpore el tomate y salpimiéntelo todo.

> **3** Caliente el aceite en un cazo y sofría la cebolla 3 o 4 minutos o hasta que se dore.

> **4** Chafe los garbanzos con un tenedor e incorpórelos al cazo junto con la guindilla. Caliéntelos 2 minutos a fuego lento sin dejar de remover.

>5 Disponga una hoja de lechuga en cada tortilla. Incorpore el cilantro a la mezcla de aguacate y tomate y rellene las tortillas.

>6 Añada una cucharada de la mezcla de garbanzos sobre cada taco y cúbralo todo con una cucharada de nata agria.

Decore los tacos con unas ramitas de cilantro
y sírvalos enseguida.

asado de frutos secos

para 4 personas

ingredientes

2 cucharadas de aceite de oliva, y un poco más para engrasar

1 cebolla grande bien picada

100 g de almendra molida

100 g de anacardos (castañas de Cajú) bien picados

55 g de pan integral recién rallado

100 ml de caldo de verduras

ralladura fina y zumo (jugo) de 1 limón pequeño

1 cucharadita de hojas de romero bien picadas

sal y pimienta

ramitas de romero fresco y rodajas de limón, para decorar

> 1 Precaliente el horno a 200°C. Engrase con aceite un molde rectangular de 20 cm y fórrelo con papel de hornear.

> 2 Caliente el aceite en un cazo grande, añada la cebolla y sofríala a fuego medio 3 o 4 minutos, sin dejar de removerla, hasta que esté tierna.

Vuelque la mezcla y sírvala caliente, decorada con ramas de romero y rodajas de limón.

> **3** Añada las almendras, los anacardos, el pan rallado, el caldo, la ralladura y el zumo de limón y el romero. Salpimiente al gusto y mézclelo bien.

> **4** Disponga la mezcla en el molde, úntela con aceite y hornéela de 30 a 35 minutos hasta que se dore y esté firme.

gratinado de champiñones y polenta con huevos

para 4 personas

ingredientes

250 g de polenta precocinada (puede adquirirse en tiendas especializadas)

4 champiñones Portobello grandes

60 g de mantequilla (manteca)

1 diente de ajo majado (triturado)

1 cucharada de perejil fresco picado

1 cucharada de cebollino (ciboulette) fresco picado, y un poco más para decorar

4 huevos frescos

100 g de espinacas baby

sal y pimienta

virutas de parmesano, para decorar

>1 Precaliente el grill del horno a temperatura máxima. Corte la polenta en ocho lonchas y dispóngalas en una bandeja con los champiñones.

>2 Funda la mantequilla en un cazo con el ajo. Incorpore el perejil y el cebollino.

>3 Unte los champiñones y la polenta con la mantequilla a las hierbas y salpimiéntelos.

>4 Gratínelos de 6 a 8 minutos, dándoles la vuelta una vez, hasta que la polenta se dore y los champiñones estén tiernos.

>5 Caliente agua en un cazo sin llegar al punto de ebullición. Casque los huevos con cuidado sobre el agua.

>6 Escalfe los huevos unos 3 minutos, hasta que cuajen. Retírelos con una espumadera.

>7 Disponga dos láminas de polenta en cada plato y cúbralas con un puñado de espinacas.

>8 Coloque un champiñón sobre las espinacas, añada un huevo escalfado y aderécelo todo con la mantequilla a las hierbas restante.

Decore el plato con cebollino y
virutas de parmesano, y sírvalo.

gratinado de champiñones y coliflor

para 4 personas

ingredientes

1 coliflor en ramilletes
55 g de mantequilla
  (manteca)
115 g de champiñones
  en láminas
sal y pimienta

para la cobertura

115 g de pan rallado
2 cucharadas de
  parmesano rallado
1 cucharadita de orégano
  seco

1 cucharadita de perejil
  seco
25 g de mantequilla
  (manteca)

1 Ponga a hervir agua con un poco de sal en un cazo grande. Añada la coliflor y cuézala 3 minutos.

2 Retírela del fuego, escúrrala bien y colóquela en una fuente de horno llana.

3 Precaliente el horno a 230 °C. Funda la mantequilla en un cazo pequeño a fuego medio. Agregue los champiñones, remuévalos y rehóguelos 3 minutos a fuego lento.

4 Retírelos del fuego y dispóngalos sobre la coliflor. Salpiméntelo al gusto.

>5 Mezcle el pan rallado, el parmesano y las hierbas en un bol y espárzalos sobre las hortalizas.

>6 Corte la mantequilla en dados y repártalos sobre la cobertura. Hornéelo todo 15 minutos o hasta que la superficie se dore.

Sirva el gratinado directamente en la fuente.

risotto con guisantes y gorgonzola

para 4 personas

ingredientes

2 cucharadas de aceite
  de oliva
25 g de mantequilla
  (manteca)
1 cebolla bien picada
1 diente de ajo bien picado
350 g de arroz para risotto
150 ml de vino blanco seco
1,3 litros de caldo de
  verduras caliente
350 g de guisantes (arvejas,
  chícharos) congelados
150 g de gorgonzola u otro
  queso azul desmigado
2 cucharadas de menta
  fresca picada
sal y pimienta

>1 Caliente el aceite y la mantequilla en una cacerola. Añada la cebolla y sofríala, removiendo 3 o 4 minutos hasta que se ablande.

>2 Incorpore el ajo y el arroz, y remueva para impregnarlos de mantequilla y aceite. Rehogue removiendo sin parar 2 o 3 minutos o hasta que los granos estén translúcidos. Añada el vino y remueva constantemente durante 1 minuto hasta que reduzca.

Sirva el risotto enseguida.

>3 Añada poco a poco el caldo caliente con un cucharón. Remueva durante 15 minutos, después incorpore los guisantes y rehogue 5 minutos más, hasta que el arroz absorba el líquido y quede cremoso.

>4 Retírelo del fuego. Incorpore el gorgonzola y la menta mientras remueve, y salpiméntelo al gusto.

canelones de espinacas y ricota

para 4 personas

ingredientes
mantequilla (manteca)
  fundida, para engrasar
12 tubos de canelones de
  unos 7,5 cm cada uno
sal y pimienta

para el relleno
140 g de espinacas
  descongeladas y
  escurridas
115 g de ricota
1 huevo

3 cucharadas de pecorino
  rallado
una pizca de nuez
  moscada recién rallada
sal y pimienta

para la salsa de queso
25 g de mantequilla
  (manteca)
2 cucharadas de harina
600 ml de leche caliente
85 g de gruyer rallado
sal y pimienta

>1 Precaliente el horno a 180 °C. Engrase una fuente rectangular para horno con la mantequilla fundida.

>2 Ponga a hervir agua con un poco de sal en una cazuela. Añada los tubos de canelones, lleve el agua a ebullición de nuevo y déjelos cocer 6 o 7 minutos, hasta que los canelones casi estén blandos. Escúrralos, enjuáguelos y dispóngalos sobre un paño limpio.

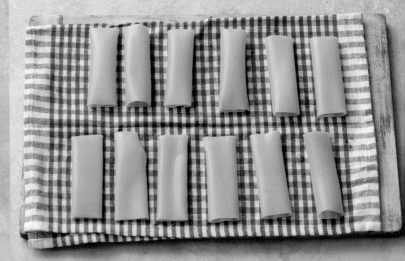

>3 Para el relleno, ponga las espinacas y la ricota en una picadora y tritúrelas hasta que queden bien mezcladas. Añada el huevo y el pecorino y triture hasta conseguir una pasta suave. Pásela a un cuenco, añada la nuez moscada y salpimiéntela al gusto.

>4 Pase el relleno a una manga pastelera con una boquilla de 1 cm y rellene con cuidado los canelones. Vaya colocando los canelones rellenos en la fuente.

>5 Para la salsa de queso, funda la mantequilla en un cazo. Añada la harina y dórela a fuego lento, removiendo sin parar durante 1 minuto.

>6 Aparte el cazo del fuego y vaya incorporando la leche poco a poco sin dejar de remover. Devuélvalo al fuego y lleve la salsa a ebullición removiendo sin parar. Deje que cueza a fuego lento 10 minutos, removiendo constantemente, hasta que esté espesa y sin grumos.

>7 Retírela del fuego, añádale el gruyer mientras remueve y salpimiéntela al gusto.

>8 Vierta la salsa de queso sobre los canelones rellenos. Cubra la fuente con papel de aluminio y métala entre 20 y 25 minutos en el horno precalentado.

Sírvalos enseguida.

pappardelle con tomatitos cherry y rúcula

para 4 personas

ingredientes

400 g de pappardelle secos
2 cucharadas de aceite de
  oliva
1 diente de ajo picado
350 g de tomates cherry
  cortados por la mitad
85 g de hojas de rúcula
300 g de mozzarella
  troceada
sal y pimienta
parmesano rallado,
  para decorar

>1 Ponga a hervir agua con un poco de sal en una cacerola. Añada la pasta y hiérvala entre 8 y 10 minutos, hasta que esté tierna pero firme.

>2 Mientras, caliente el aceite en una sartén a fuego medio y sofría el ajo durante 1 minuto removiéndolo, sin dejar que se dore.

Sirva la pasta en platos hondos
espolvoreada con parmesano.

>3 Añada los tomates, salpimiéntelos al gusto y
sofríalos a fuego lento durante 2 o 3 minutos,
hasta que se ablanden.

>4 Escurra la pasta y rehóguela en la
sartén. Añádale las hojas de rúcula
y la mozzarella, y remueva hasta
que las hojas estén tiernas.

macarrones con queso

para 4 personas

ingredientes

250 g de macarrones
600 ml de leche
½ cucharadita de nuez
 moscada rallada

55 g de mantequilla, y un
 poco más para cocinar la
 pasta
55 g de harina

200 g de cheddar rallado
55 g de parmesano rallado
sal y pimienta

>1 Ponga a hervir agua con un poco de sal en una cacerola. Añada la pasta y hiérvala según las indicaciones del envase, hasta que esté tierna pero firme. Retírela del fuego y escúrrala. Agregue una nuez de mantequilla. Pase la pasta de nuevo al cazo y tápela para mantener el calor.

>2 Caliente la leche y la nuez moscada en un cazo a fuego lento, sin dejar que llegue a hervir.

>3 Derrita la mantequilla en un cazo de fondo grueso a fuego lento. Añada la harina y remueva hasta obtener una mezcla sin grumos. Cocínela a fuego vivo 2 minutos.

>4 Añada la leche poco a poco sin dejar de remover. Cuézala entre 10 y 15 minutos hasta que adquiera la consistencia de unas natillas.

>5 Añada 75 g del queso cheddar y 35 g del parmesano, y remueva hasta que se fundan. Salpimiéntelo al gusto y retírelo del fuego.

>6 Precaliente el grill del horno a temperatura máxima. Disponga la pasta en una fuente refractaria poco honda y vierta encima la salsa.

>7 Esparza el queso restante por encima y coloque la fuente en el horno precalentado.

>8 Gratine la pasta hasta que el queso comience a dorarse.

Sirva la pasta enseguida.

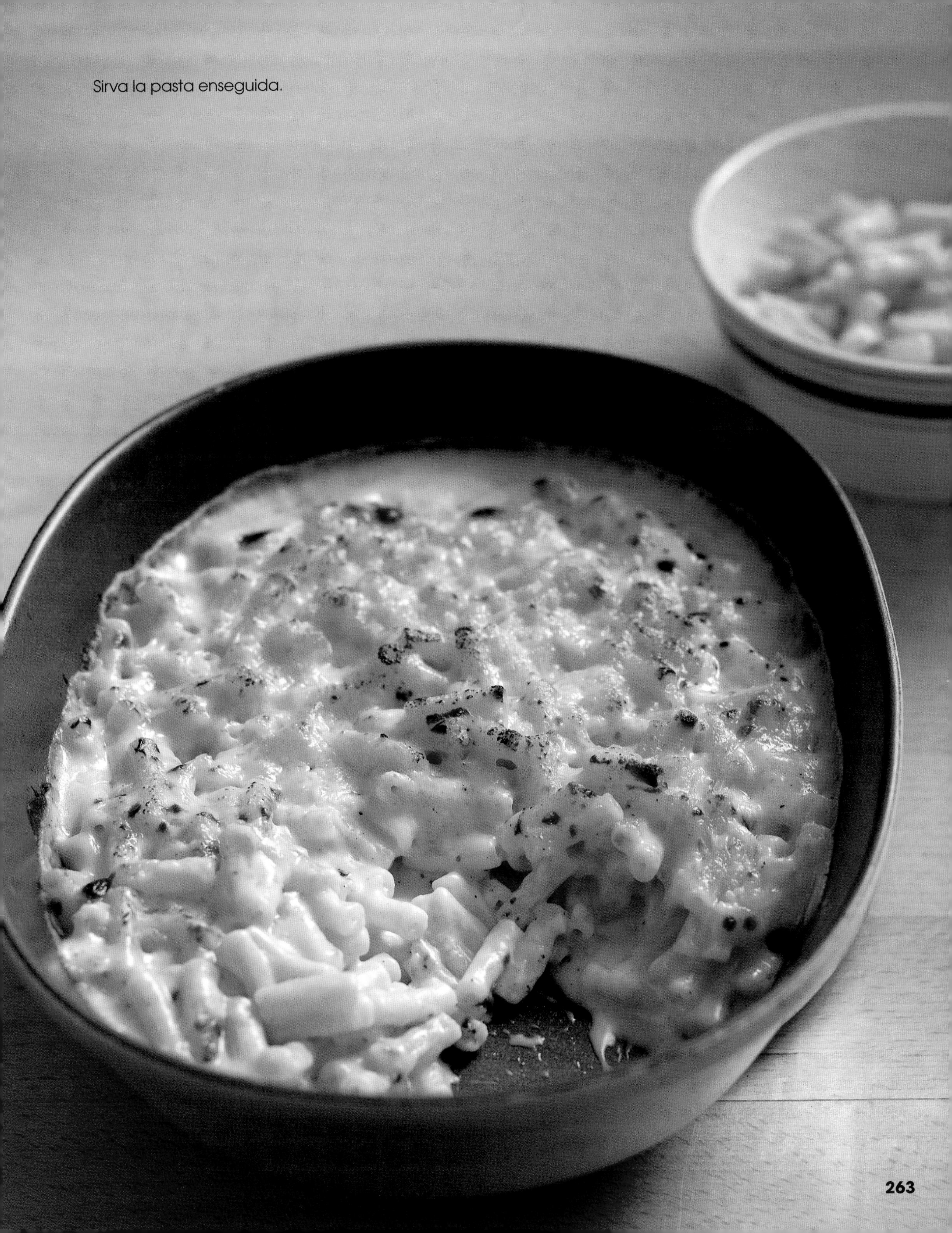

pasta picante

para 4 personas

ingredientes

80 ml de aceite de oliva
    virgen extra
8 tomates pera troceados
150 ml de vino blanco seco
1 cucharada de
    concentrado de tomate
2 guindillas (chiles) rojas
    frescas
2 dientes de ajo bien
    picados
10 g de perejil fresco
    picado
400 g de macarrones
sal y pimienta
virutas de pecorino, para
    decorar

1 Para la salsa de tomate, caliente bien el aceite en una sartén a fuego vivo. Añada los tomates y sofríalos, removiéndolos con frecuencia, 2 o 3 minutos.

>2 Baje el fuego y déjelo cocer unos 20 minutos. Salpiméntelo al gusto. Con una cuchara de madera, pase el sofrito por un colador no metálico a una cazuela.

Esparza el perejil restante por encima de los macarrones, decórelos con el queso y sírvalos enseguida.

>3 Agregue el vino, el concentrado de tomate, las guindillas y el ajo a la sartén, y llévelo todo a ebullición. Baje el fuego y déjelo hervir. Retire las guindillas. Pruebe la salsa y rectifique de sal y pimienta, si es preciso; introduzca de nuevo las guindillas, si le gusta más picante. Luego agregue la mitad del perejil.

>4 Mientras, ponga a hervir agua con un poco de sal en una cacerola. Añada la pasta y hiérvala según las indicaciones del envase, hasta que esté tierna pero firme. Agregue la salsa a la pasta y mezcle todo bien.

gratinado de berenjena

para 2 personas

ingredientes

60 ml de aceite de oliva
2 cebollas bien picadas
2 dientes de ajo bien
  picados
2 berenjenas en rodajas
  gruesas

3 cucharadas de perejil
  fresco picado, y unas
  ramitas para decorar
½ cucharadita de tomillo
  seco

400 g de tomate en
  conserva troceado
175 g de mozzarella
  rallada

40 g de parmesano rallado
sal y pimienta

>1 Caliente el aceite en una cacerola refractaria a fuego medio. Agregue la cebolla y rehóguela 5 minutos, hasta que esté tierna.

>2 Añada el ajo y sofríalo unos segundos, hasta que comience a dorarse. Con una espumadera, pase la mezcla de cebolla a un plato.

>3 Introduzca la berenjena en la cacerola en tandas y sofríala hasta que se dore. Pásela a un plato.

>4 Precaliente el horno a 200 °C. Disponga una capa de rodajas de berenjena en la base de la cazuela o en una fuente refractaria.

>5 Espolvoree parte del perejil y del tomillo por encima, y salpimiéntelo.

>6 Añada capas de cebolla, tomate y mozzarella, espolvoree perejil y tomillo y salpimiente al gusto cada capa.

>7 Disponga más capas y termine con una capa de rodajas de berenjena.

>8 Esparza el parmesano por encima y hornéelo, sin tapar, de 20 a 30 minutos o hasta que la parte superior se dore y la berenjena esté tierna.

Sirva la berenjena caliente,
decorada con el perejil.

pisto

para 4 personas

ingredientes

1 cucharadita de aceite
  de oliva
1 cebolla cortada
  en cuñas
2–4 dientes de ajo
1 berenjena pequeña
  troceada
1 pimiento (morrón) rojo
1 pimiento (morrón) amarillo
1 calabacín (zucchini)
2 cucharadas de
  concentrado de tomate
3 cucharadas de agua
115 g de champiñones
2 tomates en dados
pimienta
1 cucharada de albahaca
  picada, para decorar
2 cucharadas de
  parmesano rallado,
  para decorar

>1 Caliente el aceite en una cacerola de
fondo grueso. Añada la cebolla, el ajo y
la berenjena y rehóguelos, removiendo a
menudo, durante 3 minutos.

>2 Agregue los pimientos y el calabacín.

Reparta el pisto en platos calientes, adórnelo con unas hojas de albahaca fresca y cúbralo con el parmesano rallado.

>3 Mezcle el concentrado de tomate y el agua en un cuenco e incorpórelos a la cacerola. Llévelo todo a ebullición, tápela, baje el fuego y cuézalo 10 minutos.

>4 Incorpore los champiñones y el tomate en dados, sazone las hortalizas con pimienta y prosiga con la cocción de 12 a 15 minutos, removiendo, hasta que estén tiernas.

salteado de tofu

para 4 personas

ingredientes

2 cucharadas de aceite
de girasol

350 g de tofu consistente
cortado en dados

225 g de bok choy en
trozos grandes

1 diente de ajo picado

60 ml de salsa de guindilla
(chile) dulce

2 cucharadas de salsa de
soja (soya) clara

>1 Caliente 1 cucharada de aceite en un wok.

>2 Añada el tofu por tandas y saltéelo 2 o 3 minutos hasta que se dore. Retírelo y resérvelo.

>3 Agregue el bok choy y saltéelo unos segundos hasta que esté tierno. Retírelo y resérvelo.

>4 Caliente el aceite restante en el wok y saltee el ajo 30 segundos.

arroz jamaicano con tofu

para 4 personas

ingredientes

250 g de tofu consistente
2 cucharadas de tomillo
 fresco picado, y unas
 ramitas para decorar
2 cucharadas de aceite
 de oliva

1 cebolla picada
1 diente de ajo majado
 (triturado)
1 guindilla (chile) roja fresca
 pequeña picada

400 ml de caldo de
 verduras
200 g de arroz basmati
60 ml de crema o leche
 de coco

405 g de alubias (porotos)
 rojas en conserva lavadas
 y escurridas
sal y pimienta

> 1 Corte el tofu en dados. Aderécelo con la mitad del tomillo y salpiméntelo.

> 2 Caliente una cucharada de aceite en una sartén y fría el tofu 2 minutos, removiendo de vez en cuando. Retírelo y resérvelo caliente.

> 3 Sofría la cebolla en el aceite restante, sin dejar de remover, 3 o 4 minutos.

> 4 Incorpore el ajo, la guindilla y el tomillo restante. Añada el caldo y llévelo todo a ebullición.

277

Agregue el arroz, baje el fuego, tape
la sartén y cuézalo de 12 a 15 minutos
o hasta que esté tierno.

>6 Incorpore la crema de coco y las alubias,
salpimiéntelo todo y cuézalo 2 o 3 minutos
a fuego lento.

Cubra el arroz con el tofu y sírvalo caliente,
decorado con unas ramitas de tomillo.

postres

tiramisú

para 6 personas

ingredientes

4 yemas de huevo
100 g de azúcar
1 cucharadita de esencia
 de vainilla

500 g de mascarpone
2 claras de huevo
175 ml de café negro fuerte
125 ml de ron o brandy

24 bizcochos de soletilla
 (vainillas)
2 cucharadas de cacao
 en polvo

2 cucharadas de
chocolate negro
rallado fino

>1 Mezcle las yemas de huevo con el azúcar y la esencia de vainilla en un cuenco resistente al calor, al baño María.

>2 Cuando la mezcla se haya aclarado y las varillas dejen huella al levantarlas, retire el cuenco del calor y déjelo enfriar. Remueva la mezcla de vez en cuando para evitar que se forme una película en la superficie.

>3 Cuando la mezcla de yema de huevo se enfríe, incorpore el mascarpone y mézclelo bien.

>4 Bata las claras a punto de nieve en un cuenco limpio e incorpórelas poco a poco a la mezcla de mascarpone.

283

>5 Mezcle el café y el ron en un plato llano. Empape ligeramente 8 de los bizcochos en la mezcla y colóquelos en la base de una fuente.

>6 Vierta un tercio de la mezcla de mascarpone por encima y alise la superficie. Forme dos capas iguales más y termine con la mezcla de mascarpone. Ponga el tiramisú en el frigorífico al menos durante 1 hora.

Antes de servirlo, espolvoree por encima
el cacao y el chocolate.

crumbles de manzana

para 4 personas

ingredientes

2 manzanas grandes, de
 tipo Granny Smith, peladas
 y troceadas
3 cucharadas de sirope
 (jarabe) de arce
zumo (jugo) de ½ limón
½ cucharadita de pimienta
 de Jamaica molida
55 g de mantequilla
 (manteca) sin sal
100 g de copos de avena
40 g de azúcar mascabado
 (de caña) claro

>1 Precaliente el horno a 220°C y coloque
una bandeja de horno dentro. Disponga
los trozos de manzana en un cazo y añada,
removiendo, el sirope de arce, el zumo de
limón y la pimienta de Jamaica.

>2 Llévelo a ebullición a fuego vivo. Luego
baje el fuego, tape el cazo y déjelo cocer
5 minutos, o hasta que las manzanas
estén tiernas.

Sírvalos calientes.

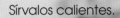

> **3** Mientras, funda la mantequilla en otro cazo, retírela del fuego y añada la avena y el azúcar.

> **4** Reparta los trozos de manzana en cuatro recipientes refractarios de 250 ml. Vierta la mezcla de avena sobre la manzana. Disponga los crumbles en la bandeja precalentada y hornéelos 10 minutos, hasta que se doren un poco y burbujeen.

tarta de queso y fresas

para 8 personas

ingredientes

para la base

55 g de mantequilla (manteca) sin sal

200 g de galletas digestivas trituradas

85 g de nueces picadas

para el relleno

450 g de mascarpone

2 huevos batidos

3 cucharadas de azúcar

250 g de chocolate blanco troceado

300 g de fresas (frutillas), sin el pedúnculo y troceadas

para la cobertura

175 g de mascarpone

50 g de virutas de chocolate blanco

4 fresas (frutillas) cortadas por la mitad

>1 Precaliente el horno a 150°C. Funda la mantequilla en un cazo a fuego lento e incorpore las galletas y las nueces.

>2 Pase la mezcla a un molde desmontable de 23 cm de diámetro y recubra con ella homogéneamente toda la base presionándola con suavidad con el dorso de una cuchara. Resérvela.

>3 Para el relleno, bata el mascarpone en un cuenco hasta que adquiera una consistencia fina. Agregue los huevos y el azúcar y bátalo todo.

>4 Eche el chocolate en un cuenco refractario y fúndalo al baño María. Retírelo del fuego y déjelo enfriar un poco. Después, agréguelo a la mezcla de queso. Añada las fresas troceadas.

289

>5 Vierta la mezcla en el molde y alise la superficie. Hornéela 1 hora, hasta que esté firme.

>6 Apague el horno y deje la tarta dentro con la puerta entreabierta hasta que se enfríe por completo. Transfiérala a una bandeja.

Extienda el mascarpone sobre la tarta,
decórela con las virutas de chocolate
y las fresas y sírvala.

tarta de limón con merengue

para 6–8 personas

ingredientes

para la masa

150 g de harina, y un poco más para enharinar

85 g de mantequilla (manteca) en trozos pequeños, y un poco más para engrasar

35 g de azúcar glas (glacé) tamizado

ralladura fina de ½ limón

½ yema batida

1½ cucharadas de leche

para el relleno

3 cucharadas de maicena

300 ml de agua

zumo (jugo) y ralladura de 2 limones

175 g de azúcar extrafino (impalpable)

2 huevos, con las yemas y las claras por separado

>1 Para preparar la masa, tamice la harina en un cuenco. Añada la mantequilla y trabaje la mezcla con las manos hasta que parezca pan rallado fino.

>2 Incorpore el resto de los ingredientes de la masa. Pase la masa a una superficie ligeramente enharinada y amásela un poco. Cúbrala con film transparente y déjela enfriar en el frigorífico 30 minutos.

>3 Precaliente el horno a 180°C y engrase un molde redondo de 20 cm de diámetro. Estire la masa con un rodillo hasta lograr un grosor de 5 mm y forre con ella el molde.

>4 Pinche la superficie de la masa con un tenedor, cúbrala con papel parafinado y disponga encima legumbres secas o pesos para tartas. Hornéela 15 minutos.

293

Retire la base de la tarta del horno y deseche el papel y las legumbres. Baje la temperatura del horno a 150°C.

Para el relleno, mezcle la maicena con un poco de agua y forme una pasta. Vierta el resto del agua en un cazo. Añada el zumo, la ralladura de limón y la pasta de maicena.

Llévelo a ebullición sin dejar de remover y cuézalo 2 minutos. Deje que se enfríe ligeramente. Añada 60 g del azúcar extrafino y las yemas. Viértalo en el molde.

Monte las claras a punto de nieve. Añada de forma gradual el resto del azúcar sin dejar de batir y extienda la mezcla resultante sobre la masa. Vuelva a meter la tarta al horno y hornéela 40 minutos más.

Saque la tarta del horno,
déjela enfriar y sírvala.

mousse de chocolate

para 4-6 personas

ingredientes

225 g de chocolate negro
  (amargo) troceado
2 cucharadas de brandy,
  Grand Marnier o
  Cointreau
50 ml de agua
30 g de mantequilla
  (manteca) sin sal
  en dados
3 huevos grandes, con las
  yemas y las claras por
  separado
¼ cucharadita de cremor
  tártaro
55 g de azúcar
125 ml de nata (crema)
  espesa

> **1** Vierta el chocolate, el brandy y el agua en un cuenco dispuesto sobre un cazo a fuego lento y remueva hasta obtener una consistencia homogénea. Retírelo del fuego. Agregue la mantequilla y las yemas, y bata hasta obtener una mezcla sin grumos. Déjela enfriar ligeramente.

> **2** Monte las claras en un cuenco hasta que estén a punto de nieve. Esparza por encima el cremor tártaro y siga batiendo, añadiendo poco a poco el azúcar, hasta que queden a punto de nieve.

Reparta la mousse en cuencos con la ayuda de una cuchara. Cúbrala con film transparente y déjela enfriar durante al menos 3 horas antes de servir.

> 3 Incorpore varias cucharadas de las claras batidas a la crema de chocolate y bátalo todo bien para obtener una masa más suelta.

> 4 Bata la nata a punto de nieve. Con una cuchara, viértala sobre la mousse y añada la mezcla de claras restante. Use una espátula para ligar el chocolate con la mezcla de nata y claras.

panna cotta con ciruelas confitadas

para 4 personas

ingredientes
para la panna cotta

4 hojas de gelatina
300 ml de leche
250 g de mascarpone

100 g de azúcar
1 vaina de vainilla abierta
 a lo largo

para las ciruelas

8 ciruelas rojas cortadas
 por la mitad y sin hueso
3 cucharadas de miel
1 rama de canela

una tira fina de cáscara
 de naranja
1 cucharada de vinagre
 balsámico

>1 Remoje las hojas de gelatina en 60 ml de leche durante 10 minutos.

>2 Caliente la leche restante, el mascarpone, el azúcar y la vainilla en un cazo a fuego lento, removiendo hasta obtener una mezcla homogénea, y después llévela a ebullición.

>3 Aparte el cazo del fuego, retire la vainilla y añada la mezcla de gelatina, removiendo hasta que se disuelva del todo.

>4 Reparta la mezcla en cuatro moldes de flan individuales de 200 ml y déjela enfriar en el frigorífico hasta que se solidifique.

>5 Ponga las ciruelas, la miel, la canela, la cáscara de naranja y el vinagre en una cacerola. Tápela y déjela cocer a fuego lento 10 minutos o hasta que las ciruelas estén tiernas.

>6 Sumerja un instante la base de cada molde en agua caliente y vaya volcándolos sobre un plato.

Sirva la panna cotta junto con
las ciruelas confitadas.

melocotones rellenos con amaretto

para 4 personas

ingredientes

55 g de mantequilla
  (manteca) sin sal
4 melocotones (duraznos)
2 cucharadas de azúcar
  mascabado (de caña)
  claro
55 g de galletas amaretti
  picadas
2 cucharadas de amaretto
125 ml de nata (crema)
  líquida, para acompañar

> **>1** Precaliente el horno a 180°C. Engrase con 15 g de mantequilla una fuente para horno con cabida para 8 mitades de melocotón en una capa.

> **>2** Corte los melocotones por la mitad y retire los huesos.

Rocíelos por encima con el amaretto y
sírvalos calientes acompañados de la nata.

>3 Bata el resto de la mantequilla con el
azúcar en un cuenco hasta conseguir
una textura cremosa. Añada las galletas
picadas y mezcle bien.

>4 Disponga en la fuente para horno
las mitades de melocotón con el corte
hacia arriba y rellene sus huecos con
la mezcla de galleta. Áselos en el horno
precalentado de 20 a 25 minutos o
hasta que estén tiernos.

piña gratinada

para 6 personas

ingredientes

1 piña (ananá)
45 g de de pasas sultanas
15 g de pasas de Corinto
60 ml de sirope (jarabe) de arce

60 ml de ron blanco
1 yema de huevo
1 cucharada de maicena
½ cucharadita de esencia de vainilla

¼ cucharadita de jengibre molido
2 claras de huevo
2 cucharadas de azúcar moreno (negro)

>1 Precaliente el horno a 240°C. Corte y deseche la corona y la base de la piña.

>2 Coloque la piña en posición vertical y pélela. Retire los «ojos» con la punta de un cuchillo afilado pequeño. Parta la pulpa por la mitad a lo largo, descorazónela y córtela en láminas.

>3 Disponga la piña en una fuente refractaria grande y cúbrala con los dos tipos de pasas. Riéguela con la mitad del jarabe de arce y la mitad del ron. Hornéela 5 minutos.

>4 Mientras tanto, mezcle el jarabe de arce y el ron restantes con la yema, la harina, la esencia de vainilla y el jengibre en un cuenco.

>5 Monte las claras a punto de nieve en otro cuenco. Incorpore dos cucharadas de las claras montadas a la mezcla de yema de huevo y, a continuación, esta última a las claras restantes.

>6 Extienda la cobertura sobre la piña caliente, espolvoréela con el azúcar y hornéela 5 minutos o hasta que se dore.

Sírvala enseguida.

creps de coco con piña

para 4 personas

ingredientes

140 g de harina
2 cucharadas de azúcar
2 huevos

400 ml de leche de coco
1 piña (ananá) mediana
aceite de cacahuete
  (maní), para freír

coco rallado tostado, para
  decorar
crema de coco, para
  acompañar

>1 Mezcle la harina y el azúcar en un cuenco y haga un hueco en el centro.

>2 Rellene el hueco con los huevos y la leche de coco e incorpore la harina. Bátalo todo hasta obtener una masa uniforme y espumosa.

>3 Coloque la piña en posición vertical y pélela. Retire los «ojos» con la punta de un cuchillo pequeño. Parta la pulpa por la mitad a lo largo, descorazónela y córtela en trozos.

>4 Caliente un poco de aceite en una sartén de fondo grueso y vierta un poco de masa de modo que cubra toda la base de la sartén.

> **5** Fría la crep a fuego vivo hasta que cuaje y se dore por debajo.

> **6** Dele la vuelta para que se dore por el otro lado.

> **7** Repita el proceso con la masa restante hasta preparar 8 o 10 creps, y apílelas colocando papel parafinado entre cada una de ellas.

> **8** Rellene las creps con trozos de piña y dóblelas en forma de abanico para servirlas.

Espolvoree las creps con coco rallado y
sírvalas rociadas con crema de coco.

pudin de cruasán con frambuesas

para 4 personas

ingredientes

30 g de mantequilla
  (manteca) sin sal fundida
4 cruasanes (medialunas)
225 g de frambuesas
  frescas

60 ml de sirope (jarabe)
  de arce
350 ml de leche
2 huevos grandes batidos

1 cucharadita de esencia
  de vainilla
nuez moscada recién
  rallada, para espolvorear

>1 Precaliente el horno a 220°C y coloque una bandeja de horno en la ranura central.

>2 Engrase cuatro ramequines de 350 ml con la mitad de la mantequilla.

>3 Trocee los cruasanes, mézclelos con las frambuesas y repártalos entre los ramequines.

>4 Vierta una cucharada de jarabe de arce sobre cada ramequín.

313

>5 Caliente la leche sin que llegue a hervir e incorpore enseguida los huevos y la esencia de vainilla con la ayuda de unas varillas.

>6 Reparta la mezcla de leche entre los ramequines y presione ligeramente los trozos de cruasán.

>7 Riéguelos con la mantequilla restante y espolvoréelos con una pizca de nuez moscada.

>8 Disponga los ramequines en la bandeja precalentada y hornéelos unos 20 minutos, hasta que empiecen a cuajar.

Sírvalo caliente.

tarta de ricota con chocolate y nueces

para 6 personas

ingredientes

115 g de azúcar extrafino
(impalpable)
125 g de mantequilla
(manteca) sin sal
reblandecida
2 yemas de huevo
ralladura fina de 1 limón
250 g de harina

para el relleno

125 g de chocolate negro
(amargo) troceado
250 g de ricota
40 g de azúcar glas (glacé),
y un poco más para
espolvorear

2 cucharadas de ron añejo
1 cucharadita de esencia
de vainilla
100 g de nueces picadas

>1 Precaliente el horno a 180 °C. Mezcle en un cuenco el azúcar extrafino, la mantequilla, las yemas y la ralladura de limón, y bátalos bien.

>2 Incorpore la harina y mézclela con las manos hasta conseguir una masa suave.

>3 Envuelva la masa en film transparente y déjela reposar a temperatura ambiente durante 10 minutos.

>4 Funda el chocolate al baño María en un cuenco refractario.

317

>5 Mezcle la ricota, el azúcar glas, el ron, la esencia de vainilla y las nueces. Incorpórelos al chocolate fundido y mezcle bien.

>6 Estire dos tercios de la masa y presiónela bien contra la base y las paredes de un molde desmontable de 23 cm de diámetro.

>7 Disponga la mezcla de ricota sobre la base de masa y alise la superficie.

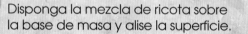

>8 Extienda la masa restante, córtela en tiras y dispóngala sobre la tarta formando un enrejado. Coloque la tarta en una bandeja de horno y cocínela 35 o 40 minutos, hasta que esté cocida y dorada.

Sirva la tarta caliente, espolvoreada
con azúcar glas.

tartaletas de higos

para 4 personas

ingredientes

1 lámina de masa de
  hojaldre preparada
harina, para enharinar
8 higos frescos maduros

1 cucharada de azúcar
  extrafino (impalpable)
½ cucharadita de canela
  en polvo

leche, para pintar
helado de vainilla, para
  acompañar

1 Precaliente el horno a 190°C. Extienda la masa sobre una superficie ligeramente enharinada hasta conseguir un grosor de 5 mm.

2 Con un platito como guía, recorte cuatro círculos de 15 cm y colóquelos en una bandeja de horno.

 3 Utilice un cuchillo afilado para trazar un círculo en cada porción de masa a 1 cm del borde exterior. Pinche varias veces en el centro de los círculos con un tenedor.

4 Corte los higos en cuartos y disponga ocho cuartos en el centro de cada círculo de masa.

>5 Mezcle el azúcar y la canela,
y espolvoréelos sobre los higos.

>6 Pinte los bordes de las tartaletas con leche
y cuézalas en el horno precalentado entre
15 y 20 minutos, hasta que suban y se doren.

Sirva las tartaletas calientes con helado.

helado de coco

para 4 personas

ingredientes

400 ml de leche de coco
140 g de azúcar extrafino
  (impalpable)
150 ml de nata (crema)
  líquida
ralladura fina de ½ lima
2 cucharadas de zumo
  (jugo) de lima
virutas de piel de lima,
  para decorar

>1 Vierta la mitad de la leche de coco y el azúcar en un cazo, y remueva a fuego medio hasta que el azúcar se disuelva.

>2 Retírelo del fuego e incorpore la leche de coco restante, la nata, la ralladura y el zumo de lima. Déjelo enfriar del todo.

Decore con las virutas de piel de lima
y sírvalo.

> **3** Pase la mezcla a un recipiente resistente al
frío y congélela 2 horas, batiéndola con un
tenedor cada hora.

> **4** Sirva bolas del helado en vasos
o cuencos.

helado de mango y jengibre con sirope de caramelo

para 4 personas

ingredientes

100 g de azúcar
   mascabado (de caña)
   claro
100 ml de sirope (jarabe)
   de maíz oscuro
55 g de mantequilla
   (manteca) sin sal

100 ml de nata (crema)
   espesa
½ cucharadita de esencia
   de vainilla
1 mango grande maduro
115 g de galletas de
   jengibre

1 litro de helado de vainilla
2 cucharadas de
   almendras tostadas
   troceadas

>1 Para preparar el sirope de caramelo, funda el azúcar, el sirope y la mantequilla en un cazo y hiérvalos 3 minutos, sin dejar de remover, hasta obtener una mezcla homogénea.

>2 Incorpore la nata y la esencia de vainilla y retire el cazo del fuego.

>3 Pele el mango, quítele el hueso y córtelo en dados de 1 cm.

>4 Introduzca las galletas en una bolsa de plástico y tritúrelas ligeramente con un rodillo.

>5 Reparta la mitad del mango en cuatro copas de helado y cúbralas con una bola de helado.

>6 Riegue el helado con un poco de sirope de caramelo y esparza un poco de galleta triturada por encima. Repita el proceso con las demás copas.

Decore las copas de helado con las
almendras tostadas y sírvalo enseguida.

zabaglione

para 4 personas

ingredientes
4 yemas de huevo
60 g de azúcar extrafino
 (impalpable)
80 ml de vino Marsala
galletas amaretti, para
 acompañar

>1 Bata las yemas y el azúcar durante
1 minuto en un cuenco resistente
al calor.

>2 Incorpore cuidadosamente el vino.

Sirva el zabaglione con galletas amaretti.

> **>3** Coloque el cuenco sobre una cacerola con agua a punto de hervir y bata con fuerza de 10 a 15 minutos, hasta conseguir una mezcla espesa, cremosa y espumosa.

> **>4** Viértala enseguida en copas para postre.

repostería y panes

tarta de chocolate

para 8 personas

ingredientes

150 g de harina
25 g de cacao amargo
en polvo
175 g de azúcar extrafino
(impalpable)
1 cucharada de levadura
en polvo
1 cucharadita de esencia
de vainilla

175 g de mantequilla
(manteca) sin sal a
temperatura ambiente,
y un poco más para
engrasar
3 huevos batidos
2 cucharadas de leche

para el glaseado

115 g de mantequilla
(manteca) sin sal a
temperatura ambiente
200 g de azúcar glas
(glacé)

2 cucharadas de cacao
en polvo
1 cucharadita de esencia
de vainilla

> 1 Precaliente el horno a 180 °C. Engrase y forre la base y los laterales de dos moldes de 20 cm de diámetro.

> 2 Tamice la harina, el cacao, el azúcar y la levadura en un cuenco grande y haga un hueco en el centro.

> 3 Bata la mantequilla hasta que se ablande. Agréguela a los ingredientes secos con el huevo, la esencia de vainilla y la leche. Con una cuchara de madera, bátalo todo ligeramente hasta obtener una mezcla sin grumos.

> 4 Con un cucharón, reparta la mezcla entre los moldes y alísela con una espátula. Hornéela entre 25 y 30 minutos hasta que los bizcochos adquieran consistencia y se doren.

> **>5** Deje que se enfríen los bizcochos en el molde durante 2 o 3 minutos y desmóldelos sobre una rejilla metálica para que se enfríen por completo.

> **>6** Para el glaseado, bata la mantequilla hasta que esté suave y esponjosa. Tamice el azúcar glas con el cacao y bátalo con la mantequilla hasta obtener una mezcla sin grumos.

> **>7** Añada la esencia de vainilla y mézclelo todo con el agua caliente necesaria para obtener una mezcla fina que se pueda extender.

> **>8** Una vez fríos los bizcochos, disponga la mitad del glaseado sobre uno de ellos y coloque el otro encima. Luego extienda el resto del glaseado por encima.

Corte la tarta en porciones y sírvala.

tarta de cereza

para 8 personas

ingredientes

250 g de cerezas confitadas troceadas

85 g de almendra molida

200 g de harina

1 cucharadita de levadura en polvo

200 g de mantequilla (manteca) sin sal, y un poco más para engrasar

200 g de azúcar extrafino (impalpable)

3 huevos grandes

ralladura fina y zumo (jugo) de 1 limón

6 terrones de azúcar triturados

>1 Precaliente el horno a 180°C. Engrase y forre un molde redondo de 20 cm de diámetro.

>2 Mezcle las cerezas, la almendra y una cucharada de harina. En otro cuenco, tamice el resto de la harina con la levadura.

>3 Bata la mantequilla y el azúcar hasta obtener una mezcla ligera y esponjosa. Añada los huevos de forma gradual y bata bien la mezcla hasta que quede homogénea.

>4 Con una cuchara metálica, vaya añadiendo la mezcla de harina a la de mantequilla y remueva tras cada adición. Incorpore las cerezas, y luego la ralladura y el zumo de limón.

Con una cuchara, pase la mezcla resultante al molde preparado y espolvoréela con el azúcar triturado. Hornee la tarta entre 1 hora y 1 hora y cuarto, hasta que haya subido, esté dorada y comience a separarse de las paredes del molde.

>6 Deje que se enfríe en el molde durante 15 minutos y después vuélquela sobre una rejilla metálica para que se enfríe por completo.

Córtela en porciones y sirva esta delicia a media mañana.

roscón de piña y coco

para 12 personas

ingredientes

425 g de piña (ananá)
  en conserva a rodajas
  escurrida
115 g de mantequilla
  (manteca) sin sal
  reblandecida, y un poco
  más para engrasar

175 g de azúcar extrafino
  (impalpable)
2 huevos y 1 yema batidos
  juntos
225 g de harina
1 cucharadita de levadura
  en polvo

½ cucharadita de
  bicarbonato de sodio
40 g de coco seco rallado

para el glaseado

175 g de queso crema
175 g de azúcar glas
  (glacé)

>1 Precaliente el horno a 180°C y engrase un molde de corona de 24 cm.

>2 Disponga la piña en una batidora o robot de cocina y tritúrela hasta que quede desmenuzada.

>3 Bata la mantequilla y el azúcar hasta obtener una mezcla ligera y esponjosa.

 >4 Agregue poco a poco los huevos, sin dejar de batir, hasta obtener una mezcla homogénea.

> **5** Tamice juntos la harina, la levadura y el bicarbonato sobre la mezcla de huevo y mézclelo. Incorpore la piña y el coco.

> **6** Con la ayuda de una cuchara, pase la mezcla al molde que ha preparado y hornéela 25 minutos hasta que, al pinchar con un palillo, este salga limpio.

> **7** Deje enfriar el roscón en el molde durante 10 minutos y vuélquelo sobre una rejilla metálica para que se enfríe por completo.

> **8** Para preparar el glaseado, mezcle el queso crema con el azúcar glas y extiéndalo sobre el roscón frío.

Córtelo en porciones y sírvala enseguida.

bizcocho de plátano y coco

para 1 unidad

ingredientes

250 g de harina

1½ cucharadita de
levadura en polvo

200 g de azúcar extrafino
(impalpable)

65 g de coco seco rallado

2 huevos

80 ml de aceite de girasol,
y un poco más para
engrasar

2 plátanos (bananas)
maduros chafados

120 ml de nata (crema)
agria

1 cucharadita de esencia
de vainilla

coco rallado tostado, para
decorar

>1 Precaliente el horno a 180°C. Engrase y forre una fuente rectangular de 1 litro para horno o un molde de 20 cm de diámetro.

>2 En un cuenco grande, tamice la harina y la levadura.

>3 Agregue el azúcar y el coco.

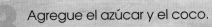

>4 En un cuenco grande, bata los huevos junto con el aceite, el plátano, la nata y la esencia de vainilla.

>5 Incorpore la mezcla de huevo a los ingredientes secos y remueva la pasta hasta que quede homogénea.

>6 Con un cucharón, vuelque la mezcla en el molde y alísela con una espátula.

>7 Cueza el bizcocho en el horno precalentado durante 1 hora o hasta que haya subido, esté firme y dorado.

>8 Deje que se enfríe en el molde durante 15 minutos y vuélquelo después sobre una rejilla metálica para que se enfríe por completo.

Decórelo con ralladura de coco y sírvalo.

magdalenas con glaseado de vainilla

para 12 unidades

ingredientes

125 g de mantequilla
(manteca) reblandecida

115 g de azúcar extrafino
(impalpable)

2 huevos ligeramente
batidos

125 g de harina con
1½ cucharaditas de
levadura en polvo

1 cucharada de leche

1 cucharada de virutas de
colores

para el glaseado

185 g de mantequilla
(manteca) sin sal
reblandecida

1 cucharadita de esencia
de vainilla

285 g de azúcar glas
(glacé) tamizado

> **1** Precaliente el horno a 180°C y coloque 12 moldes pequeños de papel de doble capa en la bandeja del horno o en una bandeja para magdalenas.

> **2** Bata la mantequilla y el azúcar en un cuenco hasta obtener una mezcla ligera y esponjosa.

> **3** Agregue los huevos sin dejar de batir. Tamice la harina y la levadura, y vierta la leche.

> **4** Pase la masa a los moldes de la bandeja con la ayuda de una cuchara. Hornee las magdalenas en el horno precalentado 20 minutos, hasta que estén firmes y bien doradas. Páselas a una rejilla metálica para que se enfríen.

>5 Para el glaseado, mezcle la mantequilla y
la esencia de vainilla en un cuenco y bata
hasta obtener una mezcla muy clara.
Añada el azúcar glas de forma gradual,
batiendo bien después de cada adición.

>6 Con la ayuda de una cuchara, introduzca
el glaseado en una manga pastelera con
una boquilla mediana en forma de estrella
y forme rosetas sobre las magdalenas.

Sírvalas decoradas con las virutas de colores.

mariposas de chocolate

para 12 unidades

ingredientes

125 g de margarina
  reblandecida
150 g de azúcar extrafino
  (impalpable)
150 g de harina, con
  1¾ cucharaditas de
  levadura en polvo,
  tamizadas

2 huevos grandes
2 cucharadas de cacao
  amargo en polvo
30 g de chocolate negro
  (amargo) fundido

para la crema

125 g de mantequilla
  (manteca) sin sal
  reblandecida
200 g de azúcar glas
  (glacé), y un poco más
  para espolvorear

ralladura de 1 limón
1 cucharada de zumo
  (jugo) de limón

>1 Precaliente el horno a 180°C y coloque 12 moldes de papel en una bandeja para magdalenas.

>2 En un cuenco grande, disponga la margarina, el azúcar, la harina, los huevos y el cacao, y bátalo todo hasta obtener una mezcla casi homogénea. Agregue el chocolate y bátalo.

>3 Con una cuchara, pase la mezcla a los moldes hasta llenar tres cuartas partes de su capacidad.

>4 Hornee las magdalenas durante 15 minutos o hasta que suban. Sáquelas del horno y déjelas enfriar sobre una rejilla metálica.

355

>5 Para elaborar la crema, coloque en un cuenco la mantequilla y bátala hasta que quede esponjosa. Añada de forma gradual el azúcar glas, la ralladura y el zumo de limón, y bata bien después de cada adición.

>6 Corte la parte superior de cada magdalena con un cuchillo de sierra y divida el trozo en dos mitades. Ponga un poco de crema sobre cada magdalena y coloque las dos mitades encima, en forma de alas.

Espolvoree las magdalenas con azúcar glas
y sírvalas.

magdalenas de arándanos

para 12 unidades

ingredientes

225 g de harina
1 cucharadita de
  bicarbonato de sodio
¼ cucharadita de sal
1 cucharadita de pimienta
  de Jamaica molida

115 g de azúcar extrafino
  (impalpable)
3 claras de huevos grandes
3 cucharadas de margarina
150 ml de yogur (yoghurt)
  natural o de arándanos
  desnatado espeso

1 cucharadita de esencia
  de vainilla
85 g de arándanos frescos

>**1** Precaliente el horno a 190 °C y coloque 12 moldes de papel en una bandeja para magdalenas.

>**2** Tamice la harina, el bicarbonato, la sal y la mitad de la pimienta en un cuenco grande. Añada 80 g de azúcar y mézclelo todo bien.

>**3** En otro cuenco, bata las claras. Incorpore la margarina, el yogur y la esencia de vainilla, y mézclelo todo bien. A continuación, agregue los arándanos y remueva para mezclarlos bien.

>**4** Añada la mezcla de fruta a los ingredientes secos y remueva ligeramente hasta obtener una consistencia algo grumosa.

Con la mezcla, llene los moldes dos tercios de su capacidad. Mezcle el resto del azúcar con la pimienta restante y espolvoree las magdalenas.

>6 Hornee las magdalenas durante 25 minutos o hasta que suban. Sáquelas del horno.

Sirva las magdalenas templadas o frías.

magdalenas con orejones, nueces y chocolate blanco

para 12 unidades

ingredientes

280 g de harina

1 cucharada de levadura en polvo

115 g de azúcar extrafino (impalpable)

85 g de orejones de albaricoque (damasco, chabacano) troceados

55 g de nueces de macadamia troceadas

55 g de chocolate blanco troceado

2 huevos batidos

200 ml de suero de leche

100 ml de aceite de girasol

> **1** Precaliente el horno a 200 °C. Disponga 12 moldes de papel en una bandeja para magdalenas o en una de horno.

> **2** Tamice la harina y la levadura en un cuenco, añada el azúcar, los orejones, las nueces y el chocolate.

Sirva las magdalenas templadas,
preferentemente el mismo día
de su elaboración.

>3 Bata los huevos, el suero de leche y el
aceite. Vierta la mezcla en el cuenco y
remueva para que todos los ingredientes
se mezclen.

>4 Pase la mezcla a los moldes con la ayuda
de una cuchara y cueza las magdalenas
en el horno entre 20 y 25 minutos, hasta
que suban.

barritas de chocolate

para 8 barritas

ingredientes

175 g de chocolate con
  leche o negro (amargo)
55 g de mantequilla
  (manteca)
100 g de galletas de
  mantequilla troceadas

85 g de nubes dulces
  (malvaviscos) pequeñas
85 g de nueces o
  cacahuetes (maníes)
azúcar glas (glacé)
  tamizado, para
  espolvorear

> **1** Forre un molde cuadrado de 18 cm con papel parafinado.

> **2** Parta el chocolate en onzas y póngalo en un cuenco refractario.

> **3** Funda el chocolate al baño María, colocando el cuenco sobre un cazo con agua hirviendo y vigilando que el cuenco no toque el agua.

> **4** Añada la mantequilla y remueva hasta que se mezcle bien. Deje que se enfríe.

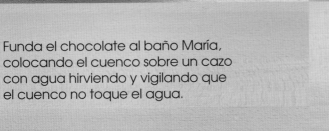

> **5** Incorpore las galletas troceadas, las nubes y las nueces a la mezcla de chocolate.

> **6** Vierta la mezcla de chocolate en el molde forrado, presionándola con una cuchara. Déjela enfriar en el frigorífico al menos 2 horas, o hasta que esté firme.

> **7** Vuélquela con cuidado sobre una tabla de madera.

> **8** Espolvoréela con azúcar glas.

Córtela en ocho barritas y sírvala.

galletas con pepitas de chocolate

para 30 unidades

ingredientes

175 g de harina

1 cucharadita de levadura
  en polvo

125 g de margarina, y un
  poco más para engrasar

85 g de azúcar mascabado
  (de caña) claro

55 g de azúcar extrafino
  (impalpable)

½ cucharadita de esencia
  de vainilla

1 huevo

125 g de pepitas de
  chocolate negro
  (amargo)

>1 Precaliente el horno a 190°C. Engrase ligeramente o forre dos bandejas de horno.

>2 Coloque todos los ingredientes en un cuenco grande y bátalos para mezclarlos bien.

Sirva las galletas enseguida o guárdelas
en un recipiente hermético.

> **>3** Disponga cucharadas de la mezcla en
> las bandejas preparadas, dejando un buen
> espacio entre ellas.

> **>4** Hornee las galletas entre 10 y 12 minutos
> o hasta que se empiecen a dorar. Con
> la ayuda de una espátula, páselas a
> una rejilla metálica para que se enfríen
> por completo.

biscotti de almendras

para unas 35 unidades

ingredientes

250 g de almendras crudas peladas

200 g de harina, y un poco más para enharinar

175 g de azúcar extrafino (impalpable), y un poco más para espolvorear

1 cucharadita de levadura en polvo

½ cucharadita de canela en polvo

2 huevos

2 cucharaditas de esencia de vainilla

> **1** Precaliente el horno a 180 °C. Cubra dos bandejas de horno con papel para hornear.

> **2** Corte las almendras en trozos gruesos y reserve algunas enteras.

> **3** Mezcle la harina, el azúcar, la levadura y la canela en un cuenco. Incorpore las almendras.

> **4** Bata los huevos con la esencia de vainilla en un cuenco pequeño y después añádalos a la mezcla de harina hasta obtener una masa consistente.

>5 Coloque la masa sobre una superficie ligeramente enharinada y amásela con suavidad.

>6 Divida la masa en dos mitades y forme un cilindro de unos 5 cm de ancho con cada una. Páselos a las bandejas de horno y espolvoréelos con azúcar. Hornéelos de 20 a 25 minutos, hasta que estén cocidos.

>7 Retírelos del horno y déjelos enfriar un poco. Después páselos a una tabla y córtelos en rebanadas de 1 cm. Mientras, reduzca la temperatura del horno a 160°C.

>8 Disponga los biscotti en las bandejas de horno. Hornéelos entre 15 y 20 minutos, hasta que estén crujientes. Colóquelos sobre una rejilla para que se enfríen.

Guárdelos en un recipiente hermético
para mantenerlos crujientes.

pan de molde blanco

para 1 unidad

ingredientes

1 huevo
1 yema de huevo
150-200 ml de agua tibia

500 g de harina de fuerza
tamizada, y un poco más
para enharinar

1½ cucharaditas de sal
2 cucharaditas de azúcar
1 cucharadita de levadura
seca activa

25 g de mantequilla
(manteca) en dados
aceite, para engrasar

>1 Coloque el huevo y la yema en un vaso medidor grande y mézclelos, batiéndolos ligeramente. Añada el agua necesaria para obtener 300 ml de líquido y remuévalo todo bien.

>2 Coloque en un cuenco la harina, la sal, el azúcar, la levadura y la mantequilla trabajando la mezcla con las manos hasta que la masa adquiera una textura desmigada.

>3 Forme un orificio en el centro, vierta en él la mezcla de huevo y trabaje la masa hasta que quede homogénea. Pásela a una superficie ligeramente enharinada y amásela bien 10 minutos hasta que tenga una consistencia suave.

>4 Unte un cuenco con aceite. Forme una bola con la masa y colóquela en el cuenco, tápela y déjela leudar en un lugar templado durante 1 hora o hasta que haya duplicado su volumen.

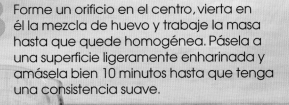

> **5** Precaliente el horno a 220 °C y engrase un molde de unos 23 cm. Vuelque la masa en una superficie ligeramente enharinada y amásela 1 minuto, hasta que adquiera una consistencia suave.

> **6** Dé a la masa la misma longitud que el molde y una anchura tres veces mayor. Dóblela a lo largo en tres partes y dispóngala en el molde con el pliegue en la parte inferior.

> **7** Tápela y déjela reposar en un lugar templado durante 30 minutos, hasta que sobresalga de las paredes del molde.

> **8** Disponga la masa en el horno precalentado y cuézala durante 30 minutos o hasta que esté firme y dorada. Pase el pan a una rejilla metálica para que se enfríe.

Corte el pan en rebanadas gruesas y sírvalo.

pan de soda con pesto y aceitunas

para 1 unidad

ingredientes

aceite de oliva,
 para engrasar
250 g de harina blanca
250 g de harina integral
1 cucharadita de
 bicarbonato de sodio
½ cucharadita de sal
3 cucharadas de pesto
unos 300 ml de suero
 de leche
55 g de aceitunas verdes
 sin hueso troceadas
 gruesas
leche, para glasear

>1 Precaliente el horno a 200 °C. Engrase o forre una bandeja de horno. Tamice los dos tipos de harina, el bicarbonato y la sal. Añada el salvado restante.

>2 Mezcle el pesto y el suero de leche. Incorpore la mezcla junto con las aceitunas al cuenco de harina, y mézclelo todo para formar una masa suave. Agregue más líquido si es necesario.

Sirva el pan el mismo día de su elaboración.

>3 Forme un círculo de unos 20 cm de diámetro con la masa y dispóngalo en la bandeja del horno. Aplánelo un poco y realice un corte profundo en forma de cruz con un cuchillo afilado.

>4 Pinte la masa con leche y cuézala en el horno entre 30 y 35 minutos, hasta que esté dorada. El pan debería sonar a hueco al golpearlo con suavidad por la base.

scones ingleses

para 9 unidades

ingredientes

450 g de harina, y un poco
  más para enharinar
½ cucharadita de sal
2 cucharaditas de levadura
  en polvo
55 g de mantequilla
  (manteca)
2 cucharadas de azúcar
  extrafino (impalpable)
250 ml de leche, y un poco
  más para glasear
mermelada de fresa
  (frutilla) y nata (crema)
  espesa, para acompañar

>1 Precaliente el horno a 220 °C y forre una
bandeja de horno con papel para hornear.
Tamice la harina, la sal y la levadura en un
cuenco. Añada la mantequilla y trabaje la
mezcla con las manos hasta que adquiera
una textura desmigada.

>2 Añada el azúcar. Después, forme un orificio
en el centro de la masa y vierta la leche.
Mézclelo todo con una espátula hasta
obtener una masa suave.

Sirva esta especialidad inglesa recién
horneada acompañada de mermelada
de fresa y crema fresca.

> **>3** Pase la masa a una superficie enharinada
> y aplánela ligeramente hasta que tenga
> un grosor de 1 cm. Forme scones con
> un cortapastas de 6 cm de diámetro y
> dispóngalos en la bandeja de horno forrada.

> **>4** Pinte los scones con un poco de leche
> y cuézalos en el horno precalentado
> entre 10 y 12 minutos, hasta que estén
> dorados y hayan subido bien. Déjelos
> enfriar sobre una rejilla metálica.

Índice

aceitunas
  lubina con gremolata de aceitunas 180–183
  pan de soda con pesto y aceitunas 378–379
aguacate
  fajitas de entrecot al pimentón 24–25
  tacos con aguacate y garbanzos 236–239
albaricoque
  cordero con miel y orejones con cuscús
     al limón 78–81
  magdalenas con orejones, nueces y
     chocolate blanco 362–363
albóndigas con salsa de pimientos rojos
  y tomate 14–17
almejas: cazuela rústica de pescado 190-193
almendra
  asado de frutos secos 240–241
  biscotti de almendras 370–373
  helado de mango y jengibre con sirope
     de caramelo 326–329
  tarta de cereza 338–341
alubias
  arroz jamaicano con tofu 276–279
  burritos 42–45
  estofado de alubias 234-235
  estofado de cerdo con alubias 76-77
  sopa minestrone 220-221
anacardos
  asado de frutos secos 240–241
  pollo con anacardos 126–129
apio
  carne asada con patatas y eneldo 34–37
  cazuela rústica de pescado 190–193
  cazuelitas de pollo 100–103
  chop suey de ternera 46–47
  estofado de ternera 10–13
  estofado de cerdo con alubias 76–77
  fideos con langostinos a la tailandesa 198–201
  lasaña 20-23; pastel de carne 30-33
  sopa de fideos con pollo 86–89
  sopa minestrone 220-221
  tallarines con salsa de carne 38–41
arándanos: magdalenas de arándanos 358–361
arroz
  arroz jamaicano con tofu 276–279
  cazuela de chorizo y garbanzos 62–65
  paella 194–197
  pavo, brócoli y bok choy 146–149
  pollo al vapor con guindilla y cilantro 114–117
  risotto con guisantes y gorgonzola 252–253
  risotto con jamón de Parma 58–59
  risotto de marisco 208–211
  risotto de pollo con azafrán 120–123
atún
  atún a la pimienta 166–167
  gratinado de pasta con atún 168–169
avena: crumbles de manzana 286-287
azafrán
  paella 194-197
  risotto con jamón de Parma 58–59
  risotto de pollo con azafrán 120–123

barritas de chocolate 364-367
beicon
  lasaña 20-23
  tallarines con salsa de carne 38–41
berenjena
  gratinado de berenjena 266-269
  pisto 270–271
bizcocho de plátano y coco 346-349

bok choy
  pavo, brócoli y bok choy 146–149
  salmón dorado al sésamo con
     bok choy 176–179
  salteado de tofu 272-275
brócoli
  chop suey de ternera 46-47
  chow fun de ternera 48-51
  ñoquis con pavo y brócoli 136–137
  pavo, brócoli y bok choy 146–149
brotes de bambú: chop suey de ternera 46–47
brotes de soja
  cerdo con salsa de ciruela 72–75;
  chuletas teriyaki 54-57
  pad thai con tiras de cerdo y gambas 68–71
  yakisoba 124–125
burritos 42-45

calabaza: cordero con miel y orejones con
  cuscús al limón 78–81
cacahuetes
  barritas de chocolate 364-367
  fideos con langostinos a la tailandesa 198-201
  pad thai con tiras de cerdo y gambas 68–71
calabacín
  pisto 270–271
  tortilla de queso feta y maíz dulce 230–233
calamar
  cazuela rústica de pescado 190-193
  risotto de marisco 208–211
canelones de espinacas y ricota 254–257
cangrejo: ravioli con cangrejo y ricota 212–215
castañas de agua: chop suey de ternera 46–47
cerdo
  cerdo con salsa de ciruela 72–75
  chuletas de cerdo con compota de
     manzana 60-61
  estofado de cerdo con alubias 76–77
  hamburguesas de cerdo con romero 66–67
  pad thai con tiras de cerdo y gambas 68–71
cerezas: tarta de cereza 338–341
chocolate
  barritas de chocolate 364-367
  galletas con pepitas de chocolate 368-369
  magdalenas con orejones, nueces
     y chocolate blanco 362–363
  mariposas de chocolate 354–357
  mousse de chocolate 296-297
  tarta de chocolate 334-337
  tarta de queso y fresas 288-291
  tarta de ricota con chocolate
     y nueces 316–319
  tiramisú 282–285
chorizo
  cazuela de chorizo y garbanzos 62–65
  paella 194-197
chow fun de ternera 48–51
chuletas teriyaki 54-57
ciruelas: panna cotta con ciruelas
  confitadas 298–301
coco
  arroz jamaicano con tofu 276–279
  bizcocho de plátano y coco 346-349
  creps de coco con piña 308–311
  fideos con langostinos a la tailandesa 198-201
  helado de coco 324-325
  pollo al curry verde 130-131
  pollo al vapor con guindilla y cilantro 114–117
  roscón de piña y coco 342-345
col china: chow fun de ternera 48–51

coliflor: gratinado de champiñones y coliflor 248–251
cordero
  chuletas de cordero con naranja y limón 82–83
  cordero con miel y orejones con cuscús
     al limón 78–81
cuscús: cordero con miel y orejones con cuscús
  al limón 78–81

espinacas
  canelones de espinacas y ricota 254–257
  gratinado de champiñones y polenta
     con huevos 242–245
fideos
  cerdo con salsa de ciruela 72–75
  chow fun de ternera 48-51
  fideos con langostinos a la tailandesa 198–201
  pad thai con tiras de cerdo y gambas 68–71
  pollo teriyaki 132-135
  sopa de fideos con pollo 86–89
  yakisoba 124–125
frutos secos
  asado de frutos secos 240–241
  magdalenas con orejones, nueces y
     chocolate blanco 362–363
  véase también almendras; anacardos;
     cacahuetes; nueces

galletas
  biscotti de almendras 370–373
  galletas con pepitas de chocolate 368-369
gambas;
  fideos con langostinos a la tailandesa 198-201
  langostinos al jengibre con gírgolas 202–205
  pad thai con tiras de cerdo y gambas 68–71
  paella 194-197
  risotto de marisco 208–211
  yakisoba 124–125
garbanzos
  cazuela de chorizo y garbanzos 62–65
  estofado de alubias 234-235
  tacos con aguacate y garbanzos 236–239
guindillas
  alitas de pollo con jengibre y soja 94–95
  arroz jamaicano con tofu 276–279
  chow fun de ternera 48-51
  entrecot a la parrilla con salsa de chile 26–29
  estofado de alubias 234-235
  estofado de cerdo con alubias 76-77
  fajitas de pollo 104-105
  fideos con langostinos a la tailandesa 198-201
  hamburguesas de ternera 18–19;
  pasta picante 264-265
  pescado empanado con mayonesa
     picante 162–165
  pollo al vapor con guindilla y cilantro 114–117
  salteado de tofu 272-275
guisantes
  cazuelitas de pollo 100-103
  paella 194-197
  pollo con macarrones a la crema 118–119
  risotto con jamón de Parma 58–59
  risotto con guisantes y gorgonzola 252–253
  sopa minestrone 220-221

habas: estofado de alubias 234-235
helado
  helado de coco 324-325
  helado de mango y jengibre con sirope
     de caramelo 326–329

higadillos de pollo: tallarines con salsa
de carne 38–41
huevos
gratinado de champiñones y polenta
con huevos 242–245
mousse de chocolate 296–297
piña gratinada 304–307
pudin de cruasán con frambuesas 312–315
tarta de limón con merengue 292-295
tiramisú 282–285
tortilla de queso feta y maíz dulce 230–233
zabaglione 330–331

jamón
pollo envuelto en jamón con pesto 106–109
risotto con jamón de Parma 58-59
sopa minestrone 220-221
jengibre
alitas de pollo con jengibre y soja 94–95
chow fun de ternera 48-51
cordero con miel y orejones con cuscús
al limón 78–81
helado de mango y jengibre con sirope
de caramelo 326–329
langostinos al jengibre con
gírgolas 202–205
pollo con anacardos 126–129
salmón dorado al sésamo con
bok choy 176–179
sopa de fideos con pollo 86-89
tiras de ternera con salsa de judías
negras 52–53;
judías verdes
lasaña 20-23
paella 194-197

lima
alitas de pollo con jengibre y soja 94–95
helado de coco 324-325
pad thai con tiras de cerdo y gambas 68–71
pechugas de pato con glaseado
de cítricos 152–155
tacos con aguacate y garbanzos 236–239
limón
brochetas de rape con mayonesa
de albahaca 184–187
cordero con miel y orejones con cuscús
al limón 78–81
chuletas de cordero con naranja
y limón 82–83
filetes de pavo a la plancha
con limón 138-141
lubina con gremolata de
aceitunas 180–183
pechugas de pato con glaseado
de cítricos 152–155
pescado al grill con limón 158–161
pollo asado con limón y tomillo 96–99
rape con costra de limón y perejil 188–189
salmón al vapor 174-175
tarta de cereza 338–341
tarta de limón con merengue 292-295

macarrones con queso 260-263
magdalenas
magdalenas con glaseado de vainilla 350-353
magdalenas con orejones, nueces y chocolate
blanco 362–363
magdalenas de arándanos 358–361
maíz
sopa de fideos con pollo 86-89;
tortilla de queso feta y maíz dulce 230–233

mango
helado de mango y jengibre con sirope
de caramelo 326–329
pato asado con salsa hoisin y sésamo 150–151
manzana
chuletas de cerdo con compota
de manzana 60-61
crumbles de manzana 286-287
mascarpone
panna cotta con ciruelas confitadas 298–301
tarta de queso y fresas 288-291
tiramisú 282–285
mejillones
mejillones al vino 206–207
paella 194-197
risotto de marisco 208–211
melocotones rellenos con amaretto 302-303
miel
alitas de pollo con jengibre y soja 94–95
cordero con miel y orejones con cuscús
al limón 78–81
fajitas de pollo 104-105
panna cotta con ciruelas confitadas 298–301
pavo, brócoli y bok choy 146–149
mozzarella
gratinado de berenjena 266–269
pappardelle con tomatitos cherry
y rúcula 258–259
pizza de queso y tomate 222-225
pollo envuelto en jamón con pesto 106–109

naranja
chuletas de cordero con naranja y limón 82–83
ñoquis con pavo y brócoli 136–137
pechugas de pato con glaseado
de cítricos 152–155
nueces
barritas de chocolate 364-367
tarta de queso y fresas 288-291
tarta de ricota con chocolate
y nueces 316–319

ñoquis con pavo y brócoli 136–137

pad thai con tiras de cerdo y gambas 68–71
paella 194-197
panes
pan de molde blanco 374–377
pan de soda con pesto y aceitunas 378–379
panna cotta con ciruelas confitadas 298–301
pappardelle con tomatitos cherry
y rúcula 258–259
parmesano
escalopes de pavo con patatas 142-145
gratinado de berenjena 266-269
gratinado de champiñones y coliflor 248–251
lasaña 20-23
macarrones con queso 260-263
pechugas de pollo con costra
de parmesano 110–113
risotto con jamón de Parma 58-59
risotto de pollo con azafrán 120–123
pasta
canelones de espinacas y ricota 254–257
gratinado de pasta con atún 168-169
lasaña 20-23
macarrones con queso 260-263
pappardelle con tomatitos cherry
y rúcula 258–259
pasta picante 264–265
pollo con macarrones a la crema 118–119
ravioli con cangrejo y ricota 212–215

sopa minestrone 220-221
tallarines con salsa de carne 38–41
pastel de carne 30-33
patatas
carne asada con patatas y eneldo 34–37
escalopes de pavo con patatas 142-145
estofado de ternera 10-13
lubina con gremolata de aceitunas 180–183
pato asado con salsa hoisin
y sésamo 150–151
tortilla de queso feta y maíz dulce 230–233
tortitas de pescado 170-173
pato
pato asado con salsa hoisin y sésamo 150–151
pechugas de pato con glaseado de
cítricos 152–155
pavo
escalopes de pavo con patatas 142-145
filetes de pavo a la plancha con limón 138-141
ñoquis con pavo y brócoli 136–137
pavo, brócoli y bok choy 146–149
pepino
pato asado con salsa hoisin y sésamo 150–151
pollo al vapor con guindilla y cilantro 114–117
pescado y marisco
cazuela rústica de pescado 190-193
lubina con gremolata de aceitunas 180–183
paella 194-197
pescado al grill con limón 158–161
pescado empanado con mayonesa
picante 162–165
ravioli con cangrejo y ricota 212–215
risotto de marisco 208–211
tortitas de pescado 170-173
véase también rape; mejillones; salmón;
gambas; calamar; atún
pesto
pan de soda con pesto y aceitunas 378–379
pechugas de pollo con costra
de parmesano 110–113
pollo envuelto en jamón con pesto 106–109
pimienta roja molida
cazuela de chorizo y garbanzos 62–65
fajitas de pollo 104-105
pad thai con tiras de cerdo y gambas 68–71
ravioli con cangrejo y ricota 212–215
pimientos
albóndigas con salsa de pimientos
rojos y tomate 14–17
burritos 42-45
cazuela de chorizo y garbanzos 62–65
cerdo con salsa de ciruela 72–75
estofado de alubias 234-235
fajitas de pollo 104-105
fideos con langostinos a la tailandesa 198-201
hamburguesas de ternera 18–19
langostinos al jengibre con gírgolas 202–205
paella 194-197
pastel de carne 30-33
pavo, brócoli y bok choy 146–149
pisto 270–271
pollo con anacardos 126–129
sopa minestrone 220-221
tiras de ternera con salsa
de judías negras 52–53
yakisoba 124–125
piña
creps de coco con piña 308–31
piña gratinada 304–307
pollo teriyaki 132–135
roscón de piña y coco 342-345
polenta: gratinado de champiñones y polenta
con huevos 242–245

pollo
    alitas de pollo con jengibre y soja 94–95
    cazuelitas de pollo 100-103
    crema de sopa de pollo 90-93
    fajitas de pollo 104-105
    paella 194-197
    pechugas de pollo con costra
      de parmesano 110–113
    pollo al curry verde 130-131
    pollo al vapor con guindilla y cilantro 114–117
    pollo asado con limón y tomillo 96–99
    pollo con anacardos 126–129
    pollo con macarrones a la crema 118–119
    pollo envuelto en jamón con pesto 106–109
    pollo teriyaki 132-135
    risotto de pollo con azafrán 120–123
    sopa de fideos con pollo 86-89
    yakisoba 124–125
postres
    creps de coco con piña 308–311
    crumbles de manzana 286–287
    helado de mango y jengibre
      con sirope de caramelo 326–329
    helado de coco 324-325
    melocotones rellenos con amaretto 302–303
    mousse de chocolate 296–297
    panna cotta con ciruelas confitadas 298–301
    piña gratinada 304–307
    pudin de cruasán con frambuesas 312–315
    tartaletas de higos 320–323
    tarta de limón con merengue 292-295
    tarta de queso y fresas 288–291
    tarta de ricota con chocolate y nueces 316–319
    tiramisú 282–285
    zabaglione 330–331
puerros
    crema de sopa de pollo 90-93
    ñoquis con pavo y brócoli 136–137

queso
    burritos 42-45
    gratinado de pasta con atún 168-169
    risotto con guisantes y gorgonzola 252–253
    tartaletas de queso de cabra 226–229
    tortilla de queso feta y maíz dulce 230–233
    véase también mascarpone; mozzarella;
      parmesano; ricota

rape
    brochetas de rape con mayonesa
      de albahaca 184–187
    rape con costra de limón y perejil 188–189
ravioli con cangrejo y ricota 212–215
repollo: sopa minestrone 220-221
repostería
    barritas de chocolate 364–367
    bizcocho de plátano y coco 346–349
    magdalenas con glaseado de vainilla 350-353
    mariposas de chocolate 354–357
    roscón de piña y coco 342–345
    tarta de cereza 338–341
    tarta de chocolate 334-337
    véase también galletas; magdalenas
ricota
    canelones de espinacas y ricota 254–257
    ravioli con cangrejo y ricota 212–215
    tarta de ricota con chocolate
      y nueces 316–319
risotto
    risotto con guisantes y gorgonzola 252–253
    risotto con jamón de Parma 58–59
    risotto de marisco 208–211

rúcula
    cazuela de chorizo y garbanzos 62–65
    fajitas de entrecot al pimentón 24–25
    pappardelle con tomatitos
      cherry y rúcula 258–259

salmón
    salmón al vapor 174-175
    salmón dorado al sésamo con
      bok choy 176–179
    tortitas de pescado 170-173
scones ingleses 380-381
sésamo
    langostinos al jengibre con gírgolas 202–205
    pato asado con salsa hoisin y sésamo 150–151
    pollo teriyaki 132-135
    salmón dorado al sésamo con
      bok choy 176–179
    yakisoba 124–125
setas y champiñones
    cazuelitas de pollo 100-103
    cerdo con salsa de ciruela 72–75
    chop suey de ternera 46–47
    gratinado de champiñones y coliflor 248–251
    gratinado de champiñones y polenta
      con huevos 242–245
    langostinos al jengibre
      con gírgolas 202–205
    pastel de carne 30–33
    pisto 270–271
    pollo con anacardos 126–129
    stroganoff de champiñones 246–247
sirope de arce
    crumbles de manzana 286–287
    fajitas de pollo 104-105
    piña gratinada 304–307
    pudin de cruasán con frambuesas 312–315
sopas
    crema de sopa de pollo 90-93
    sopa de fideos con pollo 86-89
    sopa de tomate 218-219
    sopa minestrone 220-221

tacos con aguacate y garbanzos 236–239
tallarines con salsa de carne 38–41
tarta de queso y fresas 288-291
tartaletas de higos 320-323
tartaletas de queso de cabra 226-229
ternera
    albóndigas con salsa de pimientos rojos
      y tomate 14–17 burritos 42-45
    carne asada con patatas y eneldo 34–37
    chop suey de ternera 46–47
    chow fun de ternera 48-51
    chuletas teriyaki 54-57
    entrecot a la parrilla con salsa de chile 26–29
    estofado de ternera 10-13
    fajitas de entrecot al pimentón 24–25
    hamburguesas de ternera 18–19
    lasaña 20-23
    pastel de carne 30-33
    tallarines con salsa de carne 38–41
    tirabeques: chop suey de ternera 46–47
    tiras de ternera con salsa de
      judías negras 52–53
tiramisú 282–285
tofu
    arroz jamaicano con tofu 276–279
    salteado de tofu 272-275
tomate
    albóndigas con salsa de pimientos rojos
      y tomate 14–17

burritos 42-45
cazuela de chorizo y garbanzos 62–65
cazuela rústica de pescado 190-193
entrecot a la parrilla con salsa de chile 26–29
estofado de alubias 234-235
gratinado de berenjena 266-269
hamburguesas de cerdo con romero 66–67
lasaña 20-23
pappardelle con tomatitos cherry
    y rúcula 258–259
pasta picante 264–265
pisto 270–271
pizza de queso y tomate 222-225
pollo envuelto en jamón con pesto 106–109
risotto con jamón de Parma 58-59
sopa minestrone 220-221
sopa de tomate 218-219
tacos con aguacate y garbanzos 236–239
tallarines con salsa de carne 38–41
tortillas
    burritos 42-45
    fajitas de entrecot al pimentón 24–25
    fajitas de pollo 104-105

yogur
    hamburguesas de cerdo con romero 66–67
    magdalenas de arándanos 358–361

zabaglione 330–331
zanahoria
    carne asada con patatas y eneldo 34–37
    cazuelitas de pollo 100-103
    estofado de cerdo con alubias 76-77
    estofado de ternera 10-13
    langostinos al jengibre con gírgolas 202–205
    lasaña 20-23
    pastel de carne 30-33
    pollo al vapor con guindilla y cilantro 114–117
    sopa de fideos con pollo 86-89
    tallarines con salsa de carne 38–41